DOUTRINA SECRETA DA UMBANDA

Dados Internacionais de Catalogação na Publicação (CIP)
(Câmara Brasileira do Livro, SP, Brasil)

Silva, W. W. da Matta e

Doutrina secreta da umbanda / W. W. da Matta e Silva (Mestre Yapacani). — 6. ed. — São Paulo: Ícone, 2016.

ISBN 978-85-274-0678-9

1. Umbanda (Culto) 2. Umbanda (Culto) — Filosofia
I. Título.

02-3573 CDD-299.60981

Índices para catálogo sistemático:

1. Umbanda : Religiões afro-brasileiras
299.60981

W. W. DA MATTA E SILVA

DOUTRINA SECRETA DA UMBANDA

6ª edição

Ícone editora

© Copyright 2016
Ícone Editora Ltda.

Capa/Diagramação
Regina Paula Tiezzi

Revisão
Fabrícia Romaniv

Proibida a reprodução total ou parcial desta obra, de qualquer forma ou meio eletrônico, mecânico, inclusive por meio de processos xerográficos, sem permissão expressa do editor (Lei nº 9.610/98).

Todos os direitos reservados desta edição para:
ÍCONE EDITORA LTDA.
Rua Javaés, 589 – Bom Retiro
CEP: 01130-010 – São Paulo/SP
Fone/Fax.: (11) 3392-7771
www.iconeeditora.com.br
iconevendas@iconeeditora.com.br

W. W. DAMATTA E SILVA:
UM ARAUTO DO ALÉM
(1917-1988)

A pedido da **família Matta e Silva**, que muito nos honra, estamos introduzindo esta portentosa e valiosa obra. Queremos ressaltar que a família Matta e Silva, liderada por seu **filho carnal** Ubiratan da Matta e Silva, guiada pelas luzes do Astral Superior e, não temos a menor dúvida, por **Pai** Guiné, não pouparam esforços para que estas e outras obras de **Mestre Matta e Silva** fossem editadas pela Editora Ícone, deveras conhecida pelos serviços prestados em favor da educação e da cultura do nosso país.

Assim, **reiteramos** que só aceitarmos a tarefa de introduzir esta e outras obras de nosso Pai, Mestre e Amigo Matta e Silva, por **dois motivos**:

O primeiro deveu-se a insistência por parte da família Matta e Silva, principalmente de seu filho carnal, Ubiratan, ao qual dispensamos profunda amizade e queremos como a um irmão. Igualmente, não poderíamos nos furtar em aquiescer a um pedido de um grande Irmão e Amigo, o **Sr. Fanelli**, Diretor-Presidente da Editora Ícone.

O segundo e principal deveu-se aos **sinais** do Astral Superior. Sim, as obras de **meu Pai** serão editadas na **mesma editora que edita nossas obras**, há vários anos. Por que será?

Sim, tudo é sequencial, e quiseram os desígnios superiores que duas gerações unidas dessem seguimento a um trabalho iniciado há mais de quarenta anos.

Esperamos com isso responder, a **todos os incautos e mal intencionados**, que a justiça sempre se expressa, cedo ou tarde. Eis aí, pois, a sua manifestação...

Após estas ligeiras explicações, pedimos ao Leitor Amigo, simpatizante e interessado nas obras e na pessoa de **Matta e Silva**, que leia atentamente o que se seguirá, pois demonstrará de forma insofismável os porquês de estarmos introduzindo esta e outras obras que virão.

Conheçamos um pouco sobre o homem Matta e Silva e também sobre o **Mestre Espiritual Yapacani**, verdadeiro **Mensageiro do Além**.

Nascido em Garanhuns, Pernambuco, em 28.6.1917, talvez tenha sido o médium que maiores serviços prestou ao Movimento Umbandista, durante seus 50 anos de mediunismo. Não há dúvidas que suas 9 obras escritas constituem as bases e os fundamentos do **puro e real Umbandismo**.

Sua tarefa na literatura Umbandista, que fez milhares de simpatizantes e seguidores, iniciou-se no ano de 1956. Sua primeira obra foi *Umbanda de Todos Nós* considerada por todos a *Bíblia da Umbanda*, pois transcendentais e avançados eram e são seus ensinamentos. A 1ª edição veio à luz através da Gráfica e Editora Esperanto, a qual situava-se, na época, a rua General Argôlo, 230, Rio de Janeiro.

O exemplar nº 1 desta fabulosa e portentosa obra encontra-se em nosso poder, presenteados que fomos pelo insigne Mestre. Em sua dedicatória consta:

> *Rivas, este exemplar é o nº 1. Te dou como prova do grande apreço que tenho por você, Verdadeiro filho de Fé do meu Santuário — do Pai Matta — Itacurussá, 30.7.1986.*

Desta mesma obra temos em mãos as promissórias que foram pagas, por Ele, à Gráfica Esperanto, que facilitou o pagamento dos 3.500 exemplares em 180 dias ou 6 parcelas. Vimos, pois, que a 1ª edição de *Umbanda de Todos Nós*, para ser editada, teve seu autor de pagá-la.

Umbanda de Todos Nós agradou a milhares de Umbandistas, que encontraram nela os reais fundamentos em que poderiam se escudar, normalmente nos aspectos mais puros e límpidos da Doutrina Umbandista. Mas, se para muitos foi um impulso renovador de fé e convicção, para outros, os interessados em iludir, fantasiar pretensões, foi um verdadeiro obstáculo às suas funestas pretensões, tanto que começaram a combatê-la por todos os meios possíveis e até à socapa.

Realmente, foi uma luta Astral, uma demanda, em que as Sombras e as Trevas utilizaram-se de todos os meios agressivos e contundentes que possuíam, arrebanhando para suas *fileiras do ódio e da discórdia* tudo o que de mais nefano e trevoso encontrassem, quer fosse encarnado ou desencarnado.

Momentos difíceis assoberbaram a rígida postura do Mestre, que muitas vezes, segundo ele, sentiu-se balançar. Mas não caiu!

E os outros? Ah! os outros...

Decepcionado com a recepção destes verdadeiros opositores, renhidos e fanáticos, à sua obra, Matta e Silva resolveu cruzar suas armas, que eram sua intuição, sua visão astral, calcada na lógica e na razão, e sua máquina de escrever... Embora confiasse no Astral, obteve Agô para um pequeno recesso, onde encontraria mais forças e **alguns raros e fiéis aliados** que o seguiriam no desempenho da missão que ainda o aguardava.

Na época, não fosse por seu Astral, Matta e Silva teria desencarnado... Várias vezes, disse-nos, só não tombou porque Oxalá não quis... muitas vezes precisou dormir com sua gira firmada, pois ameaçavam-no de levá-lo durante o sono... Imaginem os leitores amigos os assaltos que devem ter assoberbado o nobre Matta e Silva...

Pai Cândido, que logo a seguir denominou-se como **Pai Guiné**, assumiu toda responsabilidade pela manutenção e reequilíbrio astrofísico de seu Filho, para em seguida orientá-lo na escrita de mais um livro. Sim, aí lançou-se, através da Editora Esperanto, *Umbanda — Sua Eterna Doutrina*, obra de profunda filosofia transcendental. Até então, jamais haviam sido escritos os conceitos esotéricos e metafísicos expostos. Brilhavam, como ponto alto em sua doutrina, os conceitos sobre o Cosmo Espiritual ou Reino Virginal, as origens dos Seres Espirituais, etc... Os seres Espirituais foram ditos como sendo incriados e, como tal, eternos...

Devido a ser muito técnica, *Umbanda — Sua Eterna Doutrina* agradou aos estudiosos de todas as Correntes. Os intelectuais sentiram pesos em seus conceitos, sendo que, para dizer a verdade, passou até certo ponto despercebida pela grande massa de crentes, e mesmo pelos ditos dirigentes umbandistas da época.

Ainda não se esgotara a primeira edição de *Sua Eterna Doutrina* e Pai Matta já lançava outra obra clássica, que viria a enriquecer ainda mais a Doutrina do Movimento Umbandista. Complemento e ampliação dos conceitos herméticos esposados por *Sua Eterna Doutrina*, o novo livro, *Doutrina Secreta da Umbanda*, agradou mais uma vez a milhares de pessoas.

Não obstante suas obras serem lidas não só por adeptos umbandistas, mas também por simpatizantes e mesmo estudiosos das ditas Ciências Ocultas, seu Santuário, em Itacurussá, era frequentado pelos simples, pelos humildes, que se quer desconfiavam ser o *velho Matta* um escritor conceituado no meio umbandista. Em seu Santuário, Pai Matta guardou o anonimato, vários e vários anos, em contato com a natureza e com a pureza de sentimentos dos simples e humildes. Ele merecera esta dádiva, e nesta doce Paz de seu *"terreírinho"* escreveria mais outra obra, também potente em conceitos.

Assim nasceu **Lições de Umbanda e Quimbanda na Palavra de um Preto-Velho**, obra mediúnica que apresenta um diálogo edificante entre um Filho-de-Fé (*ZiCerô*) e a Entidade Espiritual que se diz *Preto-Velho*. Obra de nível, mas de fácil entendimento, sem dúvida foi um marco para a Doutrina do Movimento Umbandista.

Após 4 obras, Matta e Silva tornou-se por demais conhecido, sendo procurado por simpatizantes de todo o Brasil. Embora atendesse a milhares de casos, como em geral são atendidos em tantos e tantos terreiros por este Brasil afora, havia em seu atendimento uma diferença fundamental: as dores e mazelas que as humanas criaturas carregam eram retiradas, seus dramas equacionados à luz da Razão e da Caridade, fazendo com que a **Choupana** do *Velho Guiné* quase todos os dias estivesse lotada... Atendia também aos oriundos de Itacurussá — na ocasião uma cidade sem recursos que, ao necessitarem de médico, e não havendo nenhum na cidade, recorriam ao *Velho Matta*. Ficou conhecido como curandeiro, e sua fama ultrapassou os limites citadinos, chegando às ilhas próximas, de onde acorreram centenas de sofredores de Vários matizes.

Como se vê, é total iniquidade e falta de conhecimento atribuir a Matta e Silva a pecha de elitista. Suas obras são honestas, sinceras, reais, e revelam em suas causas o **hermetismo** desta *Umbanda de Todos Nós*.

Continuando a seguir a jornada missionária de Pai Matta, vamos encontrá-lo escrevendo mais uma obra: *Mistérios e Práticas da Lei de Umbanda*. Logo a seguir, viria *Segredos da Magia de Umbanda e Quimbanda*. A primeira ressalva de forma bem simples e objetiva as raízes míticas e místicas da Umbanda. Aprofunda-se no sincretismo dos Cultos Afro-Brasileiros, descortinando o panorama do atual Movimento Umbandista. A segunda aborda a Magia EtéreoFísica, revela e ensina de maneira simples e prática certos rituais seletos da Magia de Umbanda. Constitui obra de cunho essencialmente prático e muito eficiente.

Prosseguindo, chegamos a **Umbanda e o Poder da Mediunidade**. Nesta obra entenderemos como e por que ressurgiu a Umbanda no Brasil. Ela aponta as verdadeiras origens da Umbanda. Fala-nos da magia e do médium-magista. Conta-nos, em detalhes, ângulos importantíssimos da magia sexual. Há neste livro uma descrição dantesca sobre as zonas cavernosas do baixo astral, revelando covas com seus magos negros que, insistentemente, são alimentados em suas forças por pensamentos, atos e até por oferendas grosseiras das humanas criaturas.

Após 7 obras, atendendo a numerosos pedidos de simpatizantes, resolveu o Mestre lançar um trabalho que sintetizasse e simplificasse todas as outras já escritas. Assim surgiu **Umbanda do Brasil**, seu oitavo livro. Agradou a todos e, em 6 meses, esgotou-se. Em 1978 lançaria o Mestre sua última obra: **Macumbas e Candomblés na Umbanda**. Este livro é um registro fidedigno de vivências místicas e religiosas dos chamados Cultos Afro-brasileiros. Constitui um apanhado geral das várias unidades-terreiros, as quais refletem os graus conscienciais de seus adeptos e praticantes. Ilustrados com dezenas de fotografias explicativas, define de maneira clara e insofismável a Umbanda popular, as Macumbas, os Candomblés de Caboclo e dá noções sobre Culto de Nação Africana, etc.

O leitor atento deve ter percebido que, durante nossos dezoito anos de convivência iniciática, e mesmo de relacionamento Pai=Filho com o Pai Matta, algumas das fases que citamos nós precisamos *in loco...*

Conhecemo-lo quando, após ler **Umbanda de Todos Nós**, tivemos forte impulso de procurá-lo. Na ocasião morávamos em São Paulo. Fomos procurá-lo em virtude de nosso Astral casar-se profundamente com o que estava escrito naquele livro, principalmente sobre os conceitos relativos às *7 linhas, modelo de ritual* e a tão famosa *Lei de Pemba*. Assim é que nos dirigimos ao Rio de Janeiro, sem saber se o encontraríamos. Para nosso regozijo, encontramo-lo na livraria da rua 7 de Setembro.

Quando nos viu, disse que já nos aguardava, e por que havíamos demorado tanto?!

Realmente ficamos perplexos, deslumbrados... parecia que já o conhecíamos há milênios... e, **segundo Ele, conhecíamo-nos mesmo, há várias reencarnações...**

A partir desta data, mantivemos um contato estreito, frequentando, uma vez por mês, a famosíssima *Gira de Pai Guiné* em Itacurussá — verdadeira **Terra da Cruz Sagrada**, onde *Pai Guiné* firmou suas Raízes, que iriam espalhar-se, difundindo-se por todo o Brasil. Mas, voltando, falemos de nosso convívio com o insigne Mestre.

Conhecer Matta e Silva foi realmente um privilégio, uma dádiva dos Orixás, que guardo como sagrado no âmago de meu Ser. Nesta hora, muitos podem estar perguntando:

— Mas como era este tal de Matta e Silva?

Primeiramente, **muito humano**, fazendo questão de ressaltar este fato. **Aliás, em avesso ao *endeusamento*, mais ainda à mitificação de sua pessoa.** Como humano, era muito sensível e de personalidade firme, acostumado que estava a enfrentar os embates da própria vida... Era inteligentíssimo!

Tinha os sentidos aguçadíssimos... mas era um profundo solitário, apesar de cercarem-no centenas de pessoas, muitas delas, convivendo com Ele por vários anos, não o compreenderam... Seu espírito voava, interpenetrando e interpretando em causas o motivo das dores, sofrimentos e mazelas várias...

A todos tinha uma palavra amiga e individualizada. **Pai Matta** não tratava casos, tratava Almas... e, como tal, tinha para cada pessoa uma forma de agir, segundo o seu grau consciencial próprio!

Sua cultura era exuberante, mas sem perder a simplicidade e originalidade. De tudo falava, era atualizadíssimo nos mínimos detalhes... Discutia ciência, política, filosofia, arte, ciências sociais, com tal naturalidade que parecia ser Mestre em cada disciplina. E era!...

Quantas e quantas vezes discutíamos medicina e eu, como médico confesso, tinha de me curvar aos seus conceitos, simples mas avançados...

No mediunismo era portentoso... Seu pequeno *copo da vidência* parecia uma *televisão tridimensional!* Sua percepção transcendial... Na mecânica da incorporação, era singular seu desempenho! Em conjunto simbiótico com **Pai Guiné** ou **Caboclo Juremá** trazia-nos mensagens relevantes, edificantes e reveladoras, além de certos fenômenos mágicos, que não devemos citar...

Assim, caro leitor, centenas de vezes participamos como 1116diuns atuantes da *Tenda de Umbanda Oriental*, verdadeira **Escola de Iniciação à Umbanda Esotérica de Itacurussá**.

A Tenda de Umbanda Oriental (T.U.O.) era um humilde prédio de 50 m^2. Sua construção, simples e pobre, era limpa e rica em Assistência Astral. Era a verdadeira **Tenda dos Orixás**... Foi aí, nesse recinto sagrado, onde se respirava a doce Paz da Umbanda, que, em 1978, **fomos coroados como Mestres de Iniciação de 7º grau e considerados representantes diretos da Raiz de Pai Guiné, em São Paulo.** Antes de sermos coroados, é claro que já havíamos passado por muitos rituais que antecedem a "Coroação Iniciática".

É necessário frisar que, desde 1969, tínhamos nossa humilde Choupana de trabalhos umbandísticos, em São Paulo, onde atendíamos centenas de pessoas, muitas das quais enviadas por Pai Matta. Muitos deles, os que vieram, tornaram-se médiuns de nossa Choupana, a **Ordem Iniciática do Cruzeiro Divino**.

Muitas e muitas vezes tivemos a felicidade e a oportunidade ímpares de contarmos com a presença de **Pai Matta** em nossa choupana, seja em rituais seletos ou públicos e mesmo em memoráveis palestras e cursos. Uma delas, aliás, constitui acervo do arquivo da Ordem Iniciática do Cruzeiro Divino: uma fita de videocassete em que seus "netos de Santé" fazem-lhe perguntas sobre sua vida, doutrina e mediunismo... Constam ainda de nossos arquivos centenas e centenas de fotos, tiradas em São Paulo, Rio de Janeiro e em outros e vários locais...

Para encerrar esta longa conversa com o prezado leitor, pois se continuarmos um livro de mil páginas não seria suficiente, relatemos a última vez que **Pai Matta** esteve em São Paulo, isto em dezembro de 1987.

Em novembro de 1987 estivemos em Itacurussá, pois nosso Astral já vinha nos alertando que a pesada e nobre tarefa do Velho Mestre estava chegando ao fim... Surpreende-nos, quando lá chegamos, que ele nos chamou e, a sós e em tom grave, disse-nos:

— Rivas, minha tarefa está chegando ao fim, o Pai Guiné já me avisou... Pediu-me que eu vá a São Paulo e lá, no seu terreiro, ele baixará para promover, em singelo ritual, a passagem, a transmissão do Comando Vibratória de nossa Raiz...

Bem, caro leitor, no dia 2 de dezembro, um domingo, nosso querido Mestre chegava do Rio de Janeiro. Hospedando-se em nossa residência, assim como fazia sempre que vinha a São Paulo, pediu-nos que o levássemos a um oftalmologista de nossa confiança, já que havia se submetido sem sucesso a 3 cirurgias no controle do glaucoma (interessante é que desde muito cedo começou a ter estes problemas, devido a...).

Antes disso, submetemo-lo a rigoroso exame clínico, onde diagnosticamos uma hipertensão arterial acompanhada de uma angina de peito, estável. Tratamo-lo e levamo-lo ao colega oftalmologista. Sentíamos que ele estava algo ansioso, e na ocasião **disse-nos que o Pai Guiné queria fazer o mais rápido possível o ritual**. Disse-nos também que a responsabilidade da literatura ficaria a nosso cargo, já que lera *Umbanda — A Proto-S*íntese Cósmica e Umbanda Luz da Eternidade, vindo a prefaciar as duas obras. Pediu-nos que fizéssemos o que o **Sr. 7 Espadas havia nos orientado, isto é, que lançássemos primeiro** *Umbanda — A Proto-Síntese Cósmica*. **Segundo** Pai Matta, **este livro viria a revolucionar o meio Umbandista e os que andavam em paralelo, mormente os ditos estudiosos das ciências esotéricas ou ocultas. Mas, para não divagarmos ainda mais, cheguemos já ao dia 7 de dezembro de 1987.**

A **Ordem Iniciática do Cruzeiro Divino**, com todo seu corpo mediúnico presente, se engalanava, vibratoriamente falando, para receber nosso querido Mestre e, muito especialmente, Pai Guiné.

Às 20 horas em ponto adentramos o recinto sagrado de nosso *Santuário Esotérico*. **Pai Matta** fez pequena exortação, dizendo-se feliz de estar mais uma vez em nosso humilde terreiro, e abriu a gira. Embora felizes, sentíamos em nosso Eu que aquela seria a última vez que, como encarnado, nosso Mestre pisaria a areia de nosso *Congá*. Bem... **Pai Guiné,** ao baixar, saudou a todos e promoveu um ritual simples mas profundamente vibrado e significativo. Num determinado instante do ritual, na apoteose do mesmo, em tom baixo, sussurrando ao nosso ouvido, dissemos:

— Arapiaga, meu filho, sempre fostes fiel ao meu cavalo e ao Astral, mas sabeis também que a tarefa de meu cavalo não foi fácil, e a vossa também não será. Não vos deixeis impressionar por aqueles que querem usurpar e só sabem trair; lembrai-vos de Oxalá, o Mestre dos

Mestres, foi coroado com uma coroa de espinhos... Que Oxalá abençoe vossa jornada, estarei sempre convosco...

Em uma madeira de cedro, deu-nos um Ponto riscado, cravou um ponteiro e, ao beber o vinho da Taça Sagrada, disse-nos:

— **Podes beber da Taça que dei ao meu Cavalo ao beberes, seguirás o determinado... que Oxalá te abençoe sempre!**

A seguir, em voz alta, transmitiu-nos o **comando mágico vibratório de nossa Raiz...**

Caro leitor, em poucas palavras, foi assim o ritual de transmissão de comando, que, com a aquiescência de **Pai Guiné, temos gravado em videocassete e em várias fotografias.**

Alguns dias após o ritual, Pai Matta mostrou-nos um documento com firma reconhecida, no qual declarava que nós éramos seus representantes diretos, em âmbito nacional e internacional (?!). Sinceramente, ficamos perplexos!

Na ocasião não entendíamos o porquê de tal precaução, mesmo porque **queríamos e queremos ser** *apenas* nós mesmos, ou seja, não ser sucessor de ninguém, quanto mais de nosso Mestre.

Talvez, por circunstância Astral, ele e Pai Guiné não pudessem deixar um hiato, no qual **usurpadores vários** poderiam, como aventureiros, aproveitar-se para destruir o que Eles haviam construído! Sabiam que, como sucessor do grande Mestre, eu não seria nada mais que um fiel depositário de seus mananciais doutrinários!

Quem nos conhece a fundo sabe que somos desimbuídos da tola vaidade! Podemos ter milhares de defeitos, e realmente os temos, mas a vaidade não é um deles, mormente nas *coisas do Espiritual.*

Não estaríamos de pé, durante 34 anos de lutas e batalhas, se o Astral não estivesse conosco... Assim, queremos deixar claro a todos que, nem ao **Pai Guiné** ou ao **Pai Matta**, em momento algum, solicitamos isto ou aquilo referente à nossa Iniciação e muito menos à sua sucessão... foi o Astral quem nos pediu (o **videocassete mostra**) e, como sempre o fizemos, a Ele obedecemos.

Mas o que queremos, em verdade, é ser aquilo que sempre fomos: **nós mesmos. Não estamos atrás de** *status*; queremos servir. Queremos ajudar, como outros, a semeadura, pois quem tem um pingo de esclarecimento sabe que amanhã...

No mesmo dia que alhures citamos, Pai Guiné pediu-nos que deixássemos em nosso Conga, por um período de sete anos após a passagem de nosso Mestre para outras dimensões da vida, "Sinais de Pemba", as Ordens e Direitos que dera ao seu aparelho.

Após este período de sete anos, que recolocássemos os **Sinais Ricados** das nossas **Ordens e Direitos** estendidas por **Velho Payé** (Urubatão da Guia) em perfeita incorporação sobre nós há mais de vinte anos.

Sim, disse-nos que Ele, Pai Guiné, havia preparado o **Advento do "Velho Payé",** detentor da Tradição Cósmica velada pela Raça Vermelha, a primeira a habitar o orbe terreno.

Nas obras de Matta e Silva Ele deixa claro que a Verdadeira Tradição estava de posse da Raça Vermelha e, como sabemos, Pai Guiné era um dos condutores da Raça Negra, a qual vinha parando o ressurgimento, a restauração da Síntese Perdida, que é patrimônio da Raça Vermelha (A Raça Cósmica).

Assim, após nossas elucidações, reiteramos que não somos seu sucessor. Continuamos, sim, onde parou. Transcendemos, segundo suas próprias palavras, no prefácio da obra *Umbanda — A Proto-Síntese Cósmica.*

Seguimos a Raiz de Velho Payé que afirmamos preconizar **Fundamentos Cósmicos de Umbanda, de uma Umbanda Universal, aplicada, vivenciada e ensinada em qualquer região do planeta, e não apenas no Brasil.**

Quanto aos outros Irmãos de Fé Iniciados que se mantiveram ortodoxos, sectários e estacionários nos Fundamentos preconizados pelo Mestre, pouco ou nada temos a lhes dizer... Eles já escolheram o caminho... A Eles nosso profundo e sincero respeito e aceitação pelos seus graus consCienciais.

Os Fundamentos por nós atualmente seguidos são os da **Raiz de Velho Payé, que é a Raiz de Pai Guiné revigorada, atualizada com Fundamentos próprios. Isto deve-se à dialética Umbandística, que como sabemos é uma marcha, um processo sem fim.**

Quando conclamamos a todos os Irmãos de Raiz para uma aproximação, para discutirmos os novos, atualizados e revigorados Fundamentos de nossa Raiz, infelizmente, **muitos deles "encolheram-se". Outros,** disseram que iriam reativar a Raiz de Guiné, que segundo os **"Filhos do Mestre"**, havia ficado parada por sete anos, aliás, então é bom corrigir-se, oito anos (?!!). Pode?".

É óbvio que o bom senso refuta tal absurdo. É um acidente aos bons princípios da Lógica e da Luz que norteiam os Mentores Espirituais de Umbanda. Portanto, cremos, tal aberração é escatológica, destituída de qualquer sentido de sanidade e higidez mento-espiritual. Infelizmente, falta-lhe sustentação dialética... que fazer?" Paciência, compreensão...

Não podemos confundir Leis Espirituais sérias, como são as de Umbanda, com vaidades pessoais, inveja, despeito e despreparo para o diálogo calcado na lógica e na razão. Mas a todos respeitamos e achamos justo que sigam os **antigos Fundamentos**, pois para muitos serão novos.

Estamos nos pórticos do III Milênio, o milênio da Grande Confraternização Universal. Urge, pois, que assumamos uma posição madura e não pueril perante a Umbanda. Nós, a pedido do Astral, do próprio Pai Guiné, assumimos a nossa, que queríamos fosse de todos, mas...

No final, mais uma vez queremos agradecer a honra a nós concedida pela família de Matta e Silva, enviando um fraternal Saravá à **"Senhora no Santé" Carolina Corrêa** pela sua dignidade, lucidez, profunda simpatia e carinho para com nossa pessoa.

Assim, a todos, esperamos ter ficado claro e patente do por que das obras de W. W. da Matta e Silva terem sido reeditadas na mesma Editora para a qual escrevemos.

As obras portentosas e altamente dignificantes e esclarecedoras de Pai Matta foram a base para a nossa formação de cunho universalista. É de lamentar-se que outros tidos como **filhos do Mestre** não tenham adentrado no âmbito interno de seus ensinamentos de vida, atendo-se apenas a "Umbanda de Terreiro".

A verdadeira Umbanda preconizada por Matta e Silva transcendia o visível e sensível, penetrava no âmago, na essência, no **Templo do Eu Espiritual que hoje e sempre será cósmico.**

Com um fraternal e sincero Saravá a todos, do

**RIVAS NETO
(MESTRE ARAPIAGA)**

AVISO AO LEITOR

Leitor amigo e irmão! Se você não tem, ainda, uma razoável cultura esotérica ou iniciática, não leia esta obra. Você se perderá nela; o seu entendimento vagará de norte a sul, de este a oeste e não encontrará o fio, a elo da Verdade, em seus fatores concepcionais, mágicos, cabalísticos, científicos, etc.

Procure, então, noutras obras sobre Umbanda de nossa autoria, mesmo, e de outros — aquilo que sua condição mental ou intelectual deseja e busca.

Todavia, se você, mesmo não tendo essa cultura esotérica ou iniciática, tem sede devoradora de saber; de elucidar; de penetrar todo o íntimo do culto, para conhecer o que é a Umbanda e sua Poderosa Corrente Astral, então leia porque o fato de você se dispor a lê-la com tal empenho já comprova uma seleção mental ou intelectual latente, orientando e impulsionando-o através de variada literatura espírita, filosófica e do chamado ocultismo.

E se ainda você for um leitor-umbandista, melhor, porque todo leitor genuinamente umbandista "vive ardendo de sede", pronto a dessedentar-se nas águas puras da Corrente de nossos legítimos Guias e Protetores.

Portanto, se você deseja ardentemente escudar sua concepção naquilo que a nossa Doutrina define como o mais racional, o mais lógico e confortante sobre a existência de um Poder Supremo, a quem todos entendem como DEUS, então leia e medite nos postulados apresenta; dos nela.

Se você anseia, de fato, por inteirar-se das causas lógicas, racionais, da dor, dos sofrimentos, das provações e dos sentimentos negativos, então leia porque verá que nossa Doutrina Secreta da Umbanda não aponta matematicamente para "um deus" que "tudo cria e tudo destrói" como o fazem quase todas as outras correntes religiosas, espiritualistas, filosóficas, esotéricas, etc.

Se você tem sede de saber qual a relação original que tem o Brasil com a Cruz, o Cruzeiro do Sul, a Tradição, a Kabala e a Umbanda de nossas "caboclas", então leia.

Se você deseja conhecer; e entender, muitos dos nossos "segredos de Alta Magia", então leia.

Se você, leitor, tem sede de saber alguma coisa de certo e prático sobre a magia, em relação à Lua, a mulher e à Iniciação, então leia.

Mas se você pensa que aqui vai encontrar uma doutrina bizarra, patética e fetichista, não leia isso você encontrará nas obras que dissertam sobre *"africanismo, pajelança, catimbó, candomblé, comida de santo, Camarinha, ebó, etc." apresentados como Umbanda.*

E se você pensa que Umbanda de verdade é essa manifestação barulhenta da massa, que grita, baba, berra e se contorce, de charutão na boca, pela sugestão anímica, que certa mentalidade alcança e dita não convém lê-la, *você ficará decepcionado, porque não achará nessa obra os elementos afins, comuns ou corriqueiros que espelham esses estados de consciência.*

E se você está mesmo convencido de que a Corrente Astral de Umbanda é apenas isso que lhe foi dado observar na maioria dos chamados terreiros, então você não está ainda em condições de, como se costuma dizer, separar "o joio do trigo".

Mas se você já sabe ou já sentiu que a Corrente Astral de Umbanda é, realmente, aquela luz que desceu, é esse Movimento Novo que penetrou esse meio, essa massa, a fim de impulsionar a sua Evolução, escoimando-a dessas concepções e dessas práticas grosseiras a que está aferrada, então você está capacitado, mesmo, a selecionar "o Guia, o Protetor — caboclo ou preto velho — de verdade" daqueles que só sabem manifestar-se "no frenesi dos tambores, das palmas, e nas contorções do corpo, os olhos esbugalhados", isto é, com aquilo que o subconsciente faz aflorar; produto de "imagens mentais condensadas" por um incutido e persistente estado sugestivo.

E, assim sendo, corra firme os olhos sobre o índice desta obra primeiro, porque, depois, teremos uma "Conversa com o Leitor" — isto é, com você mesmo, e bem comprida.

As obras nossas, acima referidas, pelas quais o leitor pode ir gradualmente construindo o seu entendimento sobre Umbanda são as que assim estão classificadas:

Para iniciandos de 1º e 2º Graus: *Mistérios e práticas da Lei de Umbanda.*

Para iniciandos de 3º e 4º Graus: *Lições de Umbanda (e Quimbanda) — na palavra de um preto-velho.*

Para iniciandos de 5º e 6º Graus: *Umbanda de todos nós — a lei revelada.*

Para iniciandos do 7º Grau: *Umbanda — sua eterna doutrina.*

E ainda as relativas ao "Curso de Elucidações Extraordinárias" que anunciamos:

Segredos da magia de Umbanda e Quimbanda.

Umbanda e o poder da mediunidade (ou as leis da magia).

Doutrina secreta da Umbanda.

Capítulo 1

CONVERSA COM O LEITOR

Leitor, se você já leu nossas obras deve ter sentido que na *intitulada Umbanda — sua eterna doutrina*, não pudemos, em certos pontos essenciais, expressar mais claramente nossos pensamentos.

No transcorrer da tarefa que nos foi dada, de escrevê-la, surgiram certas dificuldades de ordem pessoal, e não o fizemos a contento, tanto quanto desejávamos, pelo que nos havia sido revelado.

A presente obra — *Doutrina secreta da Umbanda* — veio esclarecer muito mais os citados pontos essenciais inerentes aos Postulados da Corrente Astral de Umbanda.

Afirmamos que, nesta, podemos definir serenamente os conceitos básicos de nossa Escola.

Portanto, se em Umbanda sua eterna doutrina você julgar ter encontrado ligeiros senões, pretensas contradições, ao se confrontar com essa que vai ler não se apresse em assim pensar ou admitir.

O que houve foi um jogo de palavras usado na ocasião para expressar o que tinha que ser dito. Isso há vinte e sete anos. Porém, o que está ali definido como Postulados, etc., nesta está registrado de forma mais objetiva, pois entramos diretamente pela simbologia do Arcano Maior.

Então, o que aconteceu também — já o dissemos — foi, além de uma revisão corrida, a falta de nossa coordenação final, por estarmos enfermos na ocasião.

Esta nossa conversa, leitor, não vai findar aqui. Permita um "desabafo" mais comprido.

Esta obra — *Doutrina secreta da Umbanda* — é produto muito mais, mesmo, de nossos fatores mediúnicos; não a criamos como obra de nossa própria mente ou ideação.

Certos de que nossa capacidade de recepção, de assimilação, de penetração e conhecimentos gerais, mormente no setor filosófico, formaram o "campo" propiciatório a ser usado.

Todavia, fomos terrivelmente pressionados pelo astral, dada a resistência que vínhamos opondo a essas comunicações ou revelações tão profundas de nossa Doutrina interna.

Passamos mais de um ano recebendo projeções elucidativas, de Mentores astrais, sobre tais assuntos. Dúvidas cruciais nos assaltavam constantemente sobre tais e tais ângulos ou aspecto. e era quando sentíamos a corrente astral atuar com tamanha precisão, a ponto de, a par da recepção intuitiva, serem apresentados em nosso campo mental imagens e quadros elucidativos de toda ordem, relativos a determinados fatores físicos e morais que custávamos a assimilar.

Levamos mais de um ano — dissemos — por que percebemos, também, que estava havendo uma espécie de choque de opiniões entre duas correntes no astral-afim. Uma que pressionava para começarmos de imediato a escrever e outra que achava que devia ser adiado mais este livro, isto é, as revelações, pelo Arcano Maior, dos Postulados.

Venceu naturalmente a primeira, liderada por uma Entidade que se nos apresentava, na clarividência, sob a forma de um velho e majestoso índio, paramentado como se fosse um velho pajé ou morubixaba da Antiguidade.

E realmente era, ou melhor, foi. Identificava-se como "caboclo velho *payé*" e nos disse mais, que havia sido um dos condutores da antiquíssima *raça Tupy*, na ocasião em que se deu uma separação nesse tronco racial, formando-se duas correntes migratórias: uma veio a ser a dos *tupy-nambá* e a outra a dos *tupy-guarany*.

"Caboclo velho payé" disse mais que havia ficado com a primeira, na direção dos tupinambás, "dominando por essa sagrada terra, onde o Cruzeiro do Sul nascia". Disse ainda que assim procedeu para preservar a Tradição da Ordem Espiritual, consubstanciada na *Tuyabaé-cuaá* — a sabedoria dos velhos *payés* (pajés).

E foi essa Entidade quem conduziu o nosso muito querido "preto--velho" ao astral superior, a fim de receber o selo da *Ordem de Miguel Arcanjo*, dentro do grau conferido. Esse grau deu-lhe o direito de trabalhar diretamente com a "corrente das santas almas do cruzeiro divino", denominação que lhes foi aplicada no plano astral superior por ser de ação e execução direta sobre o planeta Terra. É o que chamam por aí, confusamente, de *linha das almas*.

Sem o menor resquício de vaidade, irmão leitor, é preciso ter um cérebro "duro" para ser usado como o nosso tem sido, sem consequências maiores.

Porque definir conceitos como estão definidos nessa obra foi uma coisa, porém receber as mensagens e as elucidações necessárias à nossa própria razão foi outra, duríssima mesmo.

Foi quando, no dilema em que estávamos, oramos e pedimos coparticipação direta na responsabilidade, forças suficientes para tal finalidade, e cremos que tudo isso nos foi concedido, porque a obra aí está.

Leitor, vamos espichar mais um pouco essa conversa? Vamos enveredar por ângulos mais profundos? Impossível que o Pai houvesse mandado revelar à primitiva humanidade, na época adequada, através de seus mentores ou condutores, várias religiões, com vários conceitos e diferentes entre si.

Impossível que a Lei Divina, UNA, imutável, fosse revelada sob fundamentos diferenciados e contraditórios entre si.

E isso nunca aconteceu, porque, se você penetrar nos ensinamentos ou no que ensinam os livros sagrados de todos os povos e no que há mesmo de mais *interno* da literatura autorizada, consultar fontes não sectárias, não dogmáticas, etc., concluirá, fatalmente, haver existido uma só lei, uma só Tradição, que sempre foi privilégio das elites sacerdotais — magos, profetas, taumaturgos, messias e outros, em todos os tempos.

A Tradição (a Ordem Espiritual, Ciência do Saber ou *Kabala*) que revela essa lei, essa religião, vinha atravessando os milênios, zelada pelos iniciados-guardiães de cada povo, de cada raça, servindo de fonte onde todos os condutores e reformadores iam beber os verdadeiros ensinamentos, para depois adaptá-los à mentalidade da massa cega, ignara. Toda religião tem sua sub-religião, é claro.

Assim, de pesquisa em pesquisa, escoimando o sectário, o deturpado, o interpelado, o falsificado em toda essa literatura[1] evangélica, bíblica, espírítica, espiritualista, esotérica, gnóstica, teosófica e do ocultismo oriental, etc., você, leitor, chegará a conclusões de estarrecer.

Por exemplo: verificará que os próprios *Mahatmas* indianos ensinaram que "a Luz (isto é, a Tradição, a Ordem Espiritual etc.) veio do Ocidente, da terra de Gondwana, mãe da terra de Mu".

O Ocidente você sabe onde é, claro — mas e as terras de Gondwana e Mu? O que foram e onde eram? Vamos dar-lhes uma ligeira síntese esclarecedora.

A terra de Gondwana foi chamada de Lemúria pelos indianos e era constituída da América do Sul, África e Oceânia, também denominadas Continente Antártico, que se ligavam e formavam a *maior porção de terra firme* emersa do oceano na era secundária do nosso planeta.

É sabido que, desde a sua primitiva formação, este nosso planeta sofreu acentuadas transformações orogênicas, geológicas, etc., isto é, a face geográfica deste nosso mundo nem sempre foi a mesma, devido, justamente, a esses fenomênicos cósmicos, sísmicos, meteorológicos, vulcânicos, etc., que sobre ele se abateram.

Essas condições fenomênicas foram intensas até a chamada era secundária, durante a qual esses ditos fenômenos provocaram a emersão das águas oceânicas, primeiramente, de um imenso *plateau* que foi e continua sendo a parte central deste nosso Brasil, berço do *homus-brasiliensis*, precursor da mais antiga raça humana, de que a História da humanidade não fala porque está presa aos preconceitos dos clássicos europeus. Dessa antiga ou primitiva raça originou-se o denominado *tronco dos Tupis*.

Assim, estamos dizendo a você, leitor amigo, que o primeiro continente a emergir do pélago universal foi o Brasil e, consequentemente, a América do Sul; e necessariamente, logicamente, ele foi o primeiro a

---

1 *Existe uma sólida e autorizada literatura, principalmente francesa, de Saynt Yves, Fabre d'Olivet, Dupuis, Albert Coste e outros, que ainda não "entrou" no Brasil... traduzida.*

fornecer condições climáticas à eclosão da primeira humanidade, já na era terciária mesmo, a qual relacionamos com a chamada pela tradição iniciática de raça pré-adâmica[2].

A terra de Gondwana — que era constituída do que hoje denominamos América do Sul, África e Oceania — sofreu naquela época uma bipartição, surgindo disso o chamado continente afro-brasileiro e o dito continente australo-indo-malgaxe.

Portanto, sendo a Lemúria dos indianos o que acabamos de expor e fazendo parte dela a atual América, e o Brasil estando situado nela, e tendo sido a primeira porção de terra firme a emergir do pélago universal, é claro que tenha sido o berço da primitiva humanidade.

Agora, a terra de Mu, a que os *Mahatmas* aludiam como filha da terra de Gondwana[3], era, justamente, a mesma Atlântida de Platão, denominada Mu pelos aborígines do Yucatán (México), aquela extensa porção de terra que ligara a atual América do Norte à África, desde a era terciária.

Foi essa porção de terra que submergiu, assunto esse debatidíssimo na literatura esotérica, ou no chamado ocultismo.

Bem, para não entrarmos numa série infindável de detalhes e fatores, basta lembrarmo-nos de que é do conhecimento geral, histórico, ter havido uma penetração dos maias, raça remanescente dos atlantes e oriunda da América, pela Índia, Egito, Caldeia, Babilônia, e outras regiões da África e Ásia, há mais ou menos 12.000 anos, por onde espalharam sua maravilhosa cultura e civilização e já encontrando na

---

2 *Se você, leitor; tem dúvidas sobre tais assuntos e quer detalhes e provas, pode também fazer como nós, pesquisando e aprofundando-se nos autorizadíssimos estudos de cientistas, geólogos, etc. como Lund, Branner, Harlt, Gerber, Le Plongeon, Ameghino, Daria e outros mais, e ainda, diretamente, nessas obras de Domingos Magarinos, um dos mestres rosa--cruz do passado, editadas em 1038, 30 etc.: Mistérios da pré-história americana, O Brasil antes de 1500, Amerriqua, O Velho Novo Mundo e outras.*
3 *Era assim denominada, nos antigos mapas de Lapparent, para identificar aquele imenso bloco de terra que primeiro emergiu na era secundária e era constituído pelo que hoje se conhece como América do Sul, África e Oceânia. Bem como nos documentos cartográficos de Ptolemeu, editados no ano de 1508, em Roma, já constava a denominação de Terra de Santa Cruz, extensiva às três Américas; tanto em que outros cartógrafos e escritores sempre aludiram a essa Terra da Santa Cruz como "terra do Brasil, também denominada América". Ysola de Mayotlas era outra denominação dada ao Brasil, como ilha, no famoso mapa de Picignano.*

Índia a mesma Ordem Espiritual, a Tradição completamente deturpada, legada dos ditos atlantes.

Então, assim, estamos levando o leitor a admitir que aqui, na América do Sul — do Brasil — considerada como "Novo Mundo", foi que em realidade "o Novo Mundo nasceu". E foi por isso que os Mahatmas disseram que a "Luz veio do Ocidente".

Mas ainda temos que lhes dizer uma coisa: a maioria dos estudantes do ocultismo vivem "ofuscados" pela literatura oriental indiana, do gênero ocultismo, espiritualismo etc., como se somente do Oriente pudessem vir os raios luminosos do saber integral da verdadeira Tradição. Muitos chegam até a usar balandraus imponentes para revirar os olhos e falar da filosofia oriental. conquanto outros o fazem com mantos e capuzes coloridos, tipo "ku-klux-klan" americana.

O Oriente não foi berço da Tradição Iniciática, nem mesmo da Ordem Espiritual que regia e rege os destinos da Humanidade, desta e daquelas priscas eras.

Vejamos: a Índia, leitor, já foi uma colônia africana, completamente interpenetrada e dominada pela raça negra, desde o tempo de seu primitivo apogeu.

Durante esse primitivo apogeu a raça negra chegou até a dominar grande parte da Europa. Possuía caracteres físicos e morais próprios. Era uma raça bela, de formas estatuárias, da qual ainda alcançamos as provas disso no tipo dos felanis, que aportaram ao Brasil e que Nina Rodrigues estudou.

Assim, não nos referimos naturalmente a esses subpadrões físicos, degenerados, que nos séculos posteriores foram-se destacando em tribos e dialetos diferenciados, já apontados nos chamados *bochimanes* pelo poeta indiano Valmiki, em seu poema heróico *Ramayana*, que descreve a conquista daquela antiquíssima colônia africana por uma *legião de macacos*, tendo Rama e os celtas à frente. É claro que nos referimos àquele padrão racial negro que mesclou profundamente o indiano. Basta notar-se que esse ainda conserva a epiderme bastante escura.

E foi precisamente nessa tão decantada Índia (antigo Industão, denominado também Bharat-Khant ou Bharat-Versh — que traduziram como o Tabernáculo de Bharat ou a Lei Divina, dada pelo primitivo legislador Bharat) que Rama reconstituiu a tradição, visto encontrar-se postergada, esquecida mesmo, dado o longo domínio e influência decisiva da raça negra, extremamente supersticiosa, eivada de fetichismo grosseiro, Lá ainda existem centenas de seitas, com práticas iguais ou piores que as das chamadas "macumbas africanas", e das quais uma maioria de estudiosos "macaqueia" gestos, regras, rituais e concepções; novamente, há 8.600 anos, esse citado Rama — um celta europeu *reimplantou*, de fato, a LUZ, ou seja, a verdadeira Ordem Espiritual, *já perdida,* após a penetração dos citados maias.

Esse Rama não foi um personagem místico ou, apenas, lendário da Índia. Testemunham a existência dele e de seus feitos, inúmeras e autorizadas obras, inclusive como o mais decisivo e influente patriarca legislador da Índia, do Egito e do Irã.

Esses fatores foram exaustivamente pesquisados e provados, inicialmente por Fabre d'Olivet, em sua *Histoire philosophique du genre humain,* e também por Eduard Schuré, em sua obra *Les grands initiés,* já traduzida no Brasil.

Porém, quem mais se aprofundou foi Saynt-Yves d'Alveydre, em várias obras, principalmente em seu *L'archeometre* (espécie de livro tabu), no qual prova, histórica e cientificamente, que o Ciclo de Rama, na Índia, foi um fato inconteste, pela Cronologia dos *Bramas*, pela de Arriano, e por uma espécie de *planisfério astrológico*, deixa do pelo próprio Rama, na forma de uma esfera estrelada, com hieróglifos e sinais herméticos.

Portanto, quem reimplantou a *Luz* que se havia apagado naquele Oriente, ou essa mesma Ordem ou Tradição que regia todos os povos, foi Rama, legada dos atlantes — raça oriunda do Ocidente, isto é, da América.

Então, ainda em sintonia com esses fundamentos, demos agora um "pulo" bem à frente desses séculos que se passaram, para falarmos do famoso *cisma de Irschu*, acontecido nessa mesma Índia há 5.600 anos mais ou menos e descrito no livro védico — *Skanda-purãna* — citado e comentado por inúmeros autores.

Esse livro conta que a Ordem Espiritual reinante sofreu terrível perseguição e foi praticamente arrasada, por ocasião daquele cisma.

25

Quem provocou aquele famoso e lamentável acontecimento histórico e religioso foi o ambicioso príncipe Irschu, filho do imperador Ugra, daquele tempo, que, sequioso de poder, serviu de joguete a uma determinada corrente ou casta sacerdotal de magos-negros, que vinha combatendo a Ordem Dórica, confirmada como a verdadeiramente legal pelos patriarcas da Ordem de Rama. Essa casta sacerdotal de magos-negros, chefiada por um de nome Ravana, vinha traduzindo erradamente (porque não tinha os conhecimento certos) os sinais-chaves,

$$\text{ʔ} = \text{KA}, \qquad \ominus = \text{BA}, \qquad \frown\frown = \text{LA}$$

que davam a interpretação correta da "passagem dos mistérios" dos Arcanos Maiores para os Menores, da dita *Kabala*, conservada zelosamente pelos citados sacerdotes da Ordem de Rama, como oriunda mesmo do próprio planisfério-astrológico, deixado por aquele patriarca da Índia antiga.

Deve-se ainda esclarecer ao leitor que essa corrente do Príncipe Irschu vinha implantando o *culto feminino* da Natureza (do *natura naturandis*, ou matéria pura), como o Princípio Feminino criador de tudo e de todas as coisas, enfim, como o princípio único *gerante gerador* do próprio espírito.

As coisas estavam nesse pé, há 5.600 anos, dizíamos, quando a inconformação desse príncipe e dessa casta sacerdotal provocou uma revolta armada, sendo finalmente vencidos e expulsos da Índia.

Foi quando passaram a invadir e se estabelecer na Ásia Menor, Arábia e Egito, combatendo ferozmente a Ordem Espiritual de Rama (a mesma Dórica) ao mesmo tempo que conseguiam implantar novos sistemas de governo, etc., cimentados no militarismo e na tirania. Foi também quando estabeleceram a Ordem Iônica ou Iônia.

Então, no auge dessa revolta, os sacerdotes bramânicos da Ordem de Rama fizeram chegar, ocultamente, às mãos dos sacerdotes de Mênfis (filiados a essa dita ordem) um *rolo de couro*, no qual estavam impressos *hieróglifos* e *sinais herméticas*, na forma de 78 quadros diferenciados, a fim de que zelassem por ele, dada a situação reinante. Esse rolo continha a súmula do saber humano, legado de Rama, através de seu planisfério cabalístico. Entretanto, daí foi que nasceu o embaralhamento da verdadeira Tradição, ou *Kabala*.

Ora, conforme dizíamos, os remanescentes desse cisma penetraram aqueles territórios, inclusive o Egito, após a fuga, e passaram a combater a "ferro e fogo" a mesma Ordem Espiritual encontrada, até que instituíram a já citada como Iônia. Que fizeram os sacerdotes da Ordem de Mênfis com esse *rolo de couro*?

Temerosos e zelosos pelo *guardado*, reproduziram em 78 quadros-murais os hieróglifos e sinais originais, *numa segunda chave de interpretação*, e esconderam o verdadeiro rolo de 70 quadros em lugar ignorado até hoje, e os *copiados* esconderam nas pirâmides de Mênfis.

Lá permaneceram por muito tempo, até que foram reencontrados. Porém, o segredo dessa segunda Chave de interpretação perdeu-se com os sacerdotes que foram perseguidos, banidos ou mortos.

Os sacerdotes de Mênfis que posteriormente se agruparam não foram os mesmos. Muito tempo depois é que os sacerdotes iniciados judeus aprenderam nessa *Kabala*, e depois "fabricaram" a sua, que denominaram *Kabala hebraica*, adulterada e ainda mais falsificada, visto esses sacerdotes judeus terem adaptado os Arcanos Maiores e os elevado para 22, a fim de corresponderem às 22 letras de seu alfabeto, ficando os Menores com 55, no que os alterou sensivelmente, para pior. O certo seria o que estava lá, na original, 21 Maiores e 57 Menores.

Tanto assim que o conhecido como *Taroth* deriva dessa *Kabala hebraica* e foi composto com figurações, que, por sua vez, originaram as cartas do chamado baralho, ou Tarô, egípcio.

Cumpre ressaltar que "tradição do saber", quer no egípcio antigo, quer no hebraico, significa *KABALA*, tanto que lhe deram como potência numerológica o número 22, pois ensinam que KA = 20, e BA : 2, e LA, por metátese, EL, seria Deus ou a potência dos 22, isto é, da *KABALA*.

Pois bem, é nessa fonte, no desdobramento dessa *Kabala* hebraica, que quase todo ocultismo ocidental bebeu e bebe as águas lustrais da sabedoria de antanho. Estamos convictos, irmão leitor, de lhe ter dado uma ideia singela, porém real, do que há por aí em matéria de ocultismo e conceitos, e como literatura decorrente e originária do Oriente.

E não se esqueça de que o próprio Moisés, depois de 2000 anos do cisma de Irschu, ao iniciar sua formidável missão, tinha como um de seus principais objetivos reimplantar o monoteísmo no seio de seu povo decaído, degenerado, entregue à idolatria. Teve que ir buscar em outras fontes os ensinamentos para compor a sua Gênese, e isso o fez procurar JETRO, sábio sacerdote de Midiam e iniciado, depositário dos segredos da verdadeira Tradição, isto é, da *Kabala* Ária, ou Nórdica.

E não se esqueça também dessa famosa censura, atribuída ao Cristo — Jesus: "Ai de vós, doutores da lei, que tirastes a chave da ciência; vós mesmos não entrastes e impedistes os que entravam".

E ainda como finalíssima dessa extensa conversa com você, leitor amigo: que não o surpreenda o aqui exposto, isto é, a não existência de dados positivos da antiga tradição ou da perda da chave dos mistérios ou da interpretação deles, pois a história dos povos e das raças está cheia de contradições e lacunas, inclusive a nossa, a do Brasil.

Veja-se a do Egito, que somente por intermédio do sábio Champolion veio a ser reconstituída em seus amplos e positivos aspectos, até então desconhecidos.

Veja-se ainda nessa antiquíssima civilização chinesa, em que o mais antigo sábio que a história registra foi FO-HI, que viveu há 5.500 anos a.C. nessa mesma China, onde Chi-Hoang-Ti, em 213 a.C., mandou arrasar todas as bibliotecas existentes havia 25 séculos.

E os Vedas? E os *Siddhantas* dos Bramas, ditos *Suryas*, que, dos 5 citados, só escapou um, esse que aponta os livros Védicos como já existentes há 58.000 anos, segundo Paul Gibier e outros? Aí está por que abalizados autores afirmam que certas tradições são confusas, incongruentes.

Continuemos mais um pouco clareando o raciocínio do leitor. Veja-se também que, na Babilônia, seu rei, Nabon-Assar, já no ano 747 a.C. destruiu importantes livros ou bibliotecas.

Omar, inconsciente discípulo de Maomé, o Profeta, transformou em cinzas a famosa e preciosíssima biblioteca de Alexandria, reconhecida como inapreciável tesouro das tradições da Humanidade.

Os Arquivos do México e Peru foram também queimados a mando do fanático Bispo Las Casas, espanhol. Inscrições, livros e monumentos antigos, reveladores e referentes às primitivas religiões foram todos destruídos pelos primeiros papas romanos. Então é simples compreender-se o porquê de as tradições iniciáticas, patriarcais, etc. estarem desvirtuadas, esquecidas ou transformadas. Foram essas sucessões de fatos, manifestados em todos os povos ou raças, que deram causa a esses acontecimentos.

PREPARAÇÃO PSICOLÓGICA AOS POSTULADOS DA CORRENTE ASTRAL DE UMBANDA

Leitor amigo! Irmão iniciado! Agora que acabamos de apontar essas condições *tradicionais* temos que submeter à sua observação e meticulosa análise certos fatores transcendentes, que se prendem e se desdobram em relação ao sentido dogmático, comum, estabelecido pela literatura religiosa, esotérica, espiritualista, espírita e, de um modo geral, pela denominada de ocultismo, já que você deve estar inteirado dela.

Esses fatores são os que sabemos ser, entre outros, os que mais concorrem para precipitar o entendimento dos estudiosos nesse imenso cipoal de dúvidas e confusões, constantes da acima citada, que ergueu a estrutura de importantes conceitos transcendentais, *cimentada* mesmo numa chocante interpretação do termo CRIAR, que entra logo em conexão com o outro o NADA.

Têm sido esses dois termos que, sempre interpretados no sentido esotérico ou apenas no semântico, tendem fatalmente a encaminhar o raciocínio dos estudiosos para o terreno dos dogmas "amarrando" seus pensamentos, atemorizando-os mesmo, limitando tudo, e, o que é pior, subordinando suas concepções à existência de um DEUS caprichoso, "sem consciência, sem a sabedoria absoluta".

Portanto, estamos convidando-o humildemente à meditação, a desenvolver seu raciocínio, lendo e relendo, com atenção, as linhas abaixo.

As doutrinas que pregam um Deus-Criador de "espíritos simples e ignorantes" no *sentido direto* de tê-los gerado de SI PRÓPRIO, de Sua Própria Natureza Divina, como produtos de operação mágica, ou melhor, como se os tivesse *extraído* de Própria Natureza Divina, assim como se os Espíritos fossem "chispas, fagulhas, centelhas ou raios" de

Sua Suprema Inteligência, estão negando-LHE, *ipso facto,* Sua Onisciência, Absoluta Sabedoria. Por quê?

Vejamos na fria lógica desses simples fatores de indução e dedução.

a) Coisa alguma sai, deriva ou é extraída do NADA[4], se o admitirmos no *sentido do que não existe mesmo.*

Repisemos: coisa alguma que exista dentro do espaço cósmico se desintegra e desaparece, no sentido implícito de algo que de ter existência; porque, se a mais simples partícula infinitesimal — digamos — um elétron, atingir um estado de radiação pura, mesmo assim *vibra,* portanto, existe.

Pode-se integrar ou desintegrar de uma corrente elétrica ou magnética, mesmo assim continuará existindo — já o dissemos — nessa ou naquela radiação ou onda luminosa o "nada se perde, tudo se transforma" de Lavoisier é um fato consumado.

b) Portanto, se alguma coisa saiu de outra é porque desta foi gerada, desassociada, derivada, etc.

c) E se *algo* foi gerado e desassociado, deve ter, em proporção natural, os elementos substanciais da natureza geradora, isto é, da sua origem.

Dentro desse singelo raciocínio, que pode ser aplicado em qual& quer terreno ou em qualquer ideia lógica, por indução e dedução, somos forçados a banir o sentido comum, esotérico, religioso, dogmático, do termo CRIAR, senão teríamos que apontar nos *fenômenos da criação* um suposto defeito de origem, isto é, dessa forma poderíamos até culpar o CRIADOR deles de nossa ignorância, de nosso egoísmo, e seus subsequentes vícios.

Por que assim, caro irmão, leitor e iniciado? Ora, se admitirmos essa infantilidade de termos sido *criados simples e ignorantes, perfectíveis,* etc., nós, os espíritos carnados e desencarnados, como ensinam quase todos os sistemas filosóficos, religiosos, espiríticos e espiritualistas do mundo, a ponto de, por via dessas condições, havermos constituído uma seriação de erros e mais erros, isso desde remota Antiguidade, sempre no egoísmo, gerador da ambição, do ódio, ciúme, inveja, orgulho e outras

---

4   *O NADA aí significa algo, alguma coisa, etc.*

variações semelhantes, que têm sido o denominador comum de tantos sofrimentos e duras lições, seríamos forçados a admitir que teríamos herdado tanta *maldade* como *elemento germinal da pretensa origem* ou da fonte que nos houvesse *gerado* o que implica dizer: criado.

"Coisa alguma, isto é, nenhum fator físico ou moral, revela condições que já não houvessem existido em estado latente."

E se atribuirmos "a criação de todas as coisas", inclusive a nossa própria "criação" (da forma confusa, ilógica, como o fazem quase todos os citados sistemas filosóficos, religiosos, espíritocos, espiritualistas e esotéricos do mundo), a uma Fonte, a uma Origem cujos atributos essenciais são a Perfeição, a Presciência, a Onisciência, a Suprema Sabedoria, que só podem ser atributos essenciais do DEUS PAI, estaremos negando-LHE tudo isso.

Porque, se analisarmos diretamente o fundo desses conceitos ou dessas concepções pregadas e imperantes sobre a "criação dos espíritos" ficaremos dolorosamente chocados ao verificarmos que distinguem matematicamente um Criador que, numa incessante *ação geradora, cria, transmite, inocula neles o "germe"* de todos os atributos negativos com os quais prontamente se foram revelando, desde que surgiram como criatura-homem e criatura-mulher no planeta Terra.

Irmão iniciado! Leitor amigo! Se você conhece a História da humanidade, deve estar ciente de que desde que as humanas criaturas se constituíram em tribos, raças e povos que se vêm pautando mais, muito mais mesmo, pelas linhas progressivas do egoísmo e da agressividade.

E a História de hoje repete a de ontem. Mudam os personagens, os cenários etc., porém os motivos são os mesmos de todos os tempos.

Veja o atual estado da humanidade! Revoluções, guerras, enfim, discórdias por quase toda parte do globo. Qual o motivo? Na essência, os mesmos de todas as épocas.

Não pretendemos alongar aqui uma série de exemplos ou correlações. O leitor mesmo os tem por toda parte.

Basta que ressaltemos diretamente essa condição moral, que é coisa intrínseca do espírito, que identificamos, quase que diariamente, no noticiário da imprensa, nacional e estrangeira, sobre criaturas cruéis que, num sadismo impressionante, estupram e matam até crianças e velhas, friamente.

Pense, irmão, em sã consciência. Você pode admitir esses monstros como gerados da própria essência do Deus-Pai, sabendo você que quase todas as correntes filosóficas e religiosas orientais e ocidentais O dão como único, indivisível, etc.?

Acreditamos, irmão, que tudo em você deve gritar que da Natureza Divina do Supremo Espírito de Bondade e Perfeição não poderiam sair essas aberrações psíquicas e consciencionais.

Irmão iniciado! Leitor amigo! Claro que da Suprema Perfeição jamais poderiam ter *saído*, diretamente, pedacinhos de imperfeição como somos nós, até agora.

Atente para essa "imagem", a mais terra-a-terra possível (não queremos suscitar agora ângulos profundos da metafísica; seria embaralhar entendimentos gerais e dificultar nosso objetivo, nessa obra): "se extrairmos do oceano uma gota de água (exemplo comparativo, comum à literatura espiritualista oriental) e a analisarmos quimicamente, essa gota deve conter, proporcionalmente, a mesma coisa ou ser da mesma qualidade do oceano, isto é, do todo ou da fonte de onde saiu".

E ainda: se cortarmos de uma branca folha de papel centenas de pedacinhos, esses serão da mesma natureza, da mesma qualidade da folha de onde foram extraídos ou cortados.

Eis a que nos pode levar a interpretação comum, dogmática, dos termos *Criar e Nada*. E o que é pior, ainda poderíamos pretender culpar ao Deus-Pai (como inúmeros o fazem) pela Lei de Consequência, como uma iniquidade.

Essa Lei de Consequência é a mesma Lei Cármica dos hindus, que vai apontando sempre para uma sucessão de erros, resgates, provas, lições, experimentações e sofrimentos, tudo isso como consequência fatal do egoísmo da criatura, ou seja, pela ignorância das Leis Divinas, que o mesmo BRAMA *criou* para disciplinar os mesmos Espíritos que Ele também criou, "como simples e ignorantes", porém na obrigação de evoluírem em busca da perfeição. Em suma: toda essa estrutura Cármica se baseia mesmo nas consequências, isto é, cimentou-se nos efeitos e condena indiretamente a causa, quando dão Deus, ou Brama, como origem de TUDO.

No entanto, irmão leitor e iniciado, se o for: Deus-Pai é realmente o Poder Supremo, a Suprema Consciência Operante "que está por dentro, por fora e acima de todos os poderes e de todas as coisas por SI mesmo geradas e engendradas". O "decifra-me ou devoro-te" da Esfinge aponta essa regra do Arcano.

Coisas, irmão, preste atenção desde já, se relacionam diretamente com todos os aspectos da substância, da energia, e por extensão, com os átomos físicos, com a matéria propriamente dita.

Assim, Deus é realmente o Supremo Espírito Incriado; é o Incriado Absoluto, porque não recebeu nenhum "sopro", força ou energia de acréscimo sobre SI MESMO; jamais recebeu qualquer vibração de acréscimo a Sua Potência de nenhuma outra Realidade extrínseca à Sua Divina Natureza.

É, de fato, o único Ser de Suprema Perfeição, que domina e dirige TUDO: a eternidade-tempo, o espaço cósmico, a substância, ou a energia, a matéria e a nós mesmos também — espíritos carnados e desencarnados. Incriados também, porque sempre fomos coeternos, coexistentes com ELE por "dentro" da própria eternidade, se no nosso entendimento a relacionarmos com o Tempo imutável, infinito.

Porém, não devemos vincular o conceito amplo de tempo aos espaços marcados pelos relógios, meses, anos do calendário, nem mesmo pelos milênios ou pelos chamados anos-luz em sentido da distância que separa um corpo celeste de outro, um acontecimento cósmico de outro, etc.

Leitor, tentaremos uma explicação sem dúvida simples, para nós, metafísica mas para muitos "mística": Deus, ao manifestar seu Poder Operante por dentro do espaço cósmico, com os *fenômenos da criação*, revelou a nossos entendimentos a ideia relativa desse tempo, quando passamos a identificá-lo com os acontecimentos cósmicos de ordem física, isto é, com tudo aquilo que tem relação direta com distância, duração, princípio de um ato ou ação, enfim, com todo começo de vida ou coisa organizada que obedece à dinâmica celeste, como os astros, os sistemas planetários, etc.

Isso, leitor, para lhe dar uma ideia de Tempo, no aspecto finito das coisas físicas, materiais, e na realidade dos fatores infinitos.

Você pode — não resta dúvida rebater — a nossa "lógica metafísica" pensando: "ora, o tempo é uma abstração!". Sim, claro, mas existe de fato em seu pensamento, em sua ideia, tanto é que você tende fatalmente a relacioná-lo com os fatores que expusemos acima.

Estamos assim, irmão, com essa dissertação filosófica, ou metafísica, como queira, pretendendo preparar seu campo mental para assimilar a Doutrina Secreta da Corrente Astral de Umbanda; por isso, viemos apontando certas razões do "ser ou não ser" e *nunca a própria razão* da origem Divina e nem mesmo a nossa a dos seres espirituais.

Porque, convém que grifemos agora e para sempre: a nossa natureza — dos espíritos — e a Natureza de Deus, do Supremo Ser Incriado, são insondáveis. É tola pretensão alguém tentar definir o Incognoscível, o Inconcebível, por mais sábio que seja.

Apenas estamos abrindo um pouco a porta do Arcano Maior (e não do Arcano Divino) para que também você, leitor, possa passar com sua visão espiritual, na busca da verdade, que é o entendimento seguro e reto, escoimado das arestas chocantes dos dogmas, dos "mistérios" de um chamado ocultismo que já estava roto no Oriente e veio esfarrapado para o Ocidente.

E essa verdade só nos é comunicada pelos canais da intuição espiritual, quando nos elevamos ao ponto de recebê-la. É quando nossa consciência espiritual vibra naquele diapasão especial que se coloca mesmo no ritmo de captar as revelações dos planos superiores.

Não podemos prová-las em tubos de laboratórios, nem pela física, nem pelas reações da química, como pretendem os materialistas-cientistas e outros; nem, tampouco, podemos prová-las apenas pela retórica das palavras daqueles que gemem na incerteza das sombras mentais ou na descrença de uma cegueira espiritual, vale dizer: na obnubilação de um carma pesado, pautado na vaidade e no gozo desenfreado dos instintos, em repetidas encarnações.

Deixemos que subam penosamente as escadas do entendimento; esperemos que um dia, pelo caminho da iniciação verdadeira, possam receber os clarões dessa verdade, pela clarividência que, por certo, iluminará suas almas, rasgando-lhes os véus do Arcano.

Todavia, julgamo-nos no dever de contribuir, por força de nosso pequenino grau e por injunção também da tarefa que nos foi dada, para aquele que, já na *senda da iniciação*, procura sofregamente mais firmeza para seus ditos entendimentos, pois se o Caminho lhes for apontado claro e o mais limpo possível de escolhos, mais depressa chegarão aos umbrais da Verdade.

Porque inúmeros são os que começaram a estudar, meditar, induzir e deduzir somente baseados nos conceitos ou nas diretrizes dessa ou daquela Escola ou Corrente, e pararam, desanimados, por terem caído no *bloqueio* das já citadas interpretações confusas e infantis.

É certo, certíssimo, que a massa ignara não vai poder "digerir" esse "alimento que estamos dando aqui". A ela sempre foi dado "o bruto pão" em todos os tempos, pois sua "fome" se contenta com o grosseiro das coisas.

Esperamos ser entendidos no que acabamos de figurar, pois principalmente o primeiro capítulo dessa obra não foi escrito visando a uma maioria, e sim a uma minoria, essa mesma que pode e deve renovar a mentalidade comum existente.

Prossigamos, portanto, reafirmando que é duro chegar-se a suposta conclusão de um Deus-Criador que "cria" os espíritos simples e ignorantes, *perfectíveis*, etc., para fazê-los encarnar a fim de pagarem por um erro original, que precipitou novos erros, novos resgates, por via de sucessivas experimentações ou reajustes no mundo das formas densas. É duro aceitar-se uma Lei de Consequência, que sempre nos mostra um *semeia* e *colhe*, com base nessa já tão citada sucessão de erros, que quase todas as doutrinas encampam como estabelecida por "um pai" para disciplinar os próprios "filhos" que "ele mesmo" gerou, criou, porém ignorantes de um mundo em que foram de imediato lançados.

E não há sofismas que possam encobrir essas deduções: não há teólogos, nem metáforas filosóficas que consigam, logicamente, tirar essa "pedra que puseram no caminho".

Qual o pai amantíssimo que criaria um filho na ignorância total da Vida exterior, ou profana, para, a certa altura, lançá-lo num meio hostil, a fim de, por si próprio, completamente inexperiente, adquirir o conceito do Bem e do Mal, através de duras provações, sujeito às piores tentações, se o tinha "criado mesmo simples e ignorante" das coisas que iria encontrar?

De quem é a culpa real, subsequente? Do Pai ou do Filho?

Irmão iniciado, na certa você que já leu obras do chamado ocultismo, esoterismo e similares vem queimando fosfato em persistentes interrogações quanto à sua verdadeira origem, como ser consciente, inteligente, com livre arbítrio e tudo mais, não é?

Irmão, esclarecer para você certas razões do "ser ou não ser" do Arcano não é querer induzi-lo a ultrapassar com o pensamento, a ideia, o Imponderável, o Inconcebível!

Basta que se contente com o que vamos dizer-lhe: você, em espírito e verdade, não se originou de nenhuma substância etérica ou energia que produz os átomos propriamente ditos, vale afirmar, de nenhuma força ou causa que se possa alcançar ou definir como etérica atômica, luminosa, radiante, etc.

Quem doutrina isso, diretamente, são as Escolas orientais e suas propagadoras do Ocidente, que dizem sermos "chispas, fagulhas, centelhas" de um Deus, como se Ele fosse uma *incomensurável fogueira ou foco luminoso em constante estada de explosão.*

Isso, irmão, é uma imagem comparativa, é claro, mas que induz o raciocínio a ligar essas concepções às coisas físicas ou energéticas da natureza-natural.

Absurdas tais concepções ou exemplos de relação, de comparações, muito terra-a-terra.

Portanto, vamos repetir algo que as ditas escolas ensinam, porém ressaltando sempre a sua suposta condição de "coisa criada": você é eterno, tem a imortalidade espiritual, isto é, nem a mais singela vibração de sua própria natureza espiritual se desassociará ou desintegrará de você; na mais fraca das comparações (pois não temos termos, nem os dicionários os têm, para dizer melhor), você é assim como um centro de *consciência, inteligência, ideação*, de natureza extrínseca até da setessência da matéria; é também uma entidade espiritual independente dos outros seres espirituais.

Ninguém é igual a ninguém, nem na tônica-vibratória, nem na radiação da consciência, da inteligência, etc. Haja vista que, fisicamente, até as impressões digitais de um não são iguais às do outro.

Parece até que estamos batendo e rebatendo na mesma tecla, mas ainda podemos dizer-lhe mais o seguinte: por mais que se aprofunde no âmago do Arcano, em busca de sua real origem (sua, nossa ou de todos os seres carnados e desencarnados do planeta Terra, e mesmo dos que habitam qualquer sistema planetário do Universo), terá que se pautar no sentido metafísico do termo *origem* como *procedência*, *naturalidade*, e assim, penetrando sempre, através da lógica e do nexo de todos os conceitos de todas as Escolas, num lento trabalho de escoimação, chegará à compreensão, intuitiva, instantânea, que você sempre existiu no "seio" da Eternidade; sempre foi preexistente com o Tempo, parque ele é imutável, infinito, segundo a chave desse mesmo Arcano, ou grande segredo da Vida.

Digamos mais isso: mesmo que você, agora espírito carnado, nos milênios futuros alcance a condição de um Arcanjo ou Potestade Cósmica, jamais definirá a sua própria origem espiritual de outra forma, porque a RAZÃO disso tudo assim ser, ou do PORQUÉ tudo isso assim é, porque sempre foi e será. só quem SABE é o Deus-Pai, o Espírito da Suprema Sabedoria.

Por *causa da razão* do *porquê* do *saber* é que nós o concebemos como o Absoluto, e as religiões exotéricas como o "criador de todas as coisas".

No entanto, uma coisa podemos afirmar para seu conforto moral-espiritual; para ser *aquilo* que há de alimentar as suas mais persistentes dúvidas, no caminho de seus objetivos finais; quando, no final dos milênios, você conseguir libertar-se dessa Via de Evolução pelo Universo-Astral, estará isento das naturais injunções e das malditas tentações próprias dessa via, isto é, isento da matéria ou de qualquer veículo denso, astral e etérico; isento até do fluido cósmico, vale dizer, da substância vital da natureza, pois terá *voltado* ou *regressado* à sua Via de Ascensão original a do puro Cosmos Espiritual.

Então estará reintegrado na Lei do Carma Causal, e em certo instante, luz de sua evolução por essa Via virginal, terá alcançado diretamente a "faixa vibratória" do Deus-Pai, onde receberá a iluminação de Sua Sabedoria Absoluta, que fará resplender em sua consciência espiritual a RAZÃO de sua real origem, ou seja, de sua naturalidade espiritual, porque já estará purificado pela Luz do Pai Eterno.

Porém, não espere jamais por esse acontecimento dentro dessa via de evolução própria do Universo-Astral. Essa não é o seu caminho certo. Compreenda, é *aquela* em que caiu! O que deve fazer é trabalhar incessantemente para que se liberte dela, pois cabe-nos agora dizer-lhe: a Evolução própria do Carma Constituído do Universo Astral é finita.

E é por tudo isso, por todos esses fatores que viemos ressaltando, enfim, por todos esses conceitos comuns a umas e outras Escolas, que nos foi dada a *tarefa* de definir, nesta obra (agora, em linhas gerais) a Doutrina Secreta da Corrente Astral de Umbanda, que é, em sua essência, inédita, pois cremos não existir em nenhuma obra de cunho esotérico ou religioso, quer do Oriente, quer do Ocidente.

Todavia, caríssimo irmão, não se deve confundir essa dita Corrente Astral de Umbanda, que revela a pureza de seus ensinamentos internos através de suas legítimas entidades mentoras, com essa manifestação barulhenta da massa retardada, que pretende prateá-la como sabe e alcança o que é justo e humano mas *uma* coisa não é a lídima expressão da *outra*.

Acreditamos, irmão, que você, nessa altura, deve estar meditando seriamente nas questões que viemos apontando desde Q principio dessas linhas e procurando assimilar pela razão, pelo entendimento.

Porque nós da Escola Umbandista jamais atribuiremos ao Deus,

Pai qualquer falha no processo dito como "da criação", tal e qual está na *doutrina básica* da Escola Kardecista, aceita há mais de um século, seguida e propagada constantemente por toda a literatura decorrente, até os dias atuais.

Citamos assim, incisivamente, para demonstrarmos que nossa Doutrina pouco tem de comum com aquela codificada por Kardec, o mesmo que dizer, com a corrente kardecista a qual consideram um "Estado", e a Umbanda uma "Província" dele.

Não nos move, aqui, a crítica destrutiva, pessoal, não! Estamos em tese, nesta singela obra, definindo os Postulados da Corrente Astral de Umbanda, cimentando a estrutura de sua doutrina de base, para demonstrar que não são iguais, nem mesmo derivação, desta ou de qualquer outra.

Se bem que possa parecer que estamos repisando demais (em tese de cunho filosófico ou metafísico é assim mesmo), deve o leitor compreender que temos de citar diretamente certos ensinamentos essenciais da corrente kardecista, os quais irão chocar-se frontalmente com os nossos. Nosso intuito não é combater convém que frisemos mas aclarar definições básicas de conceitos.

A Corrente Kardecista, no Brasil, definiu-se como filosófica, religiosa e científica, em constante progresso, e *"pari passu"* com a evolução dos tempos hodiernos; combatendo mesmo os dogmas de outras correntes e o *primitivismo* da nossa, louvados tão somente na manifestação exterior de uma maioria de adeptos que engatinha em busca do caminho, pois está na trilha certa. Uma coisa é analisar o exterior, e outra o interior — já o dissemos.

Assim, o kardecismo, através de seus atualizados mentores, de propalada capacidade e iluminação literária (o que nos falta, infelizmente), aponta o *Livro dos espíritos,* de Kardec, como o alicerce da Codificação, espécie de Bíblia ou de "revelação divina", onde os fundamentos jorram, a fim de atender aos que desejam dessedentar-se nas fontes da verdade.

Parte dessa obra é chocante, eivada de contradições, e, se fôssemos disseca-la, teríamos que o fazer em grosso volume; mas deixemos isso de lado, reconhecendo o alto valor que tem, em outros pontos de sua doutrina, os quais não são próprios, também, por serem tão antigos quanto a própria humanidade.

Citemos os básicos, que são os que nos interessam, para o confronto que o próprio leitor fará no final dessa obra.

Livro dos espíritos, 2ª edição, pág. 77, item 76. Pergunta: "Que definição se pode dar dos Espíritos?" Resposta: "Pode dizer-se que os Espíritos são os seres inteligentes da criação. Povoam o Universo, fora do Mundo material".

Item 77; pergunta: "Os espíritos são seres distintos da Divindade, ou são simples emanações ou porções desta, e, por isto, denominados filhos de Deus?" Resposta: "Meu Deus! São obra de Deus, exatamente qual a máquina o é do homem que a fabrica. A máquina é obra do homem, não é o próprio homem. Sabes que, quando faz alguma coisa bela, útil, o homem lhe chama sua filha, criação sua. Pois bem! O mesmo se dá com relação a Deus: somos Seus filhos, pois que somos obra Sua".

Item 78; pergunta: "Os Espíritos tiveram princípio, ou existem, como Deus, de toda eternidade?" Resposta: "'Se não tivessem tido princípio, seriam iguais a Deus, quando, ao invés, são criação Sua e se acham submetidos à Sua vontade. Deus existe de toda eternidade, é incontestável. Quanto, porém, ao modo por que nos criou e em que momento o fez, nada sabemos. Podes dizer que não tivemos princípio, se quiseres com isso significar que, sendo eterno, Deus há-de ter sempre criado ininterruptamente. Mas quando e como cada um de nós foi feito, repito-te, ninguém o sabe: aí é que está o mistério".

Item 81; pergunta: "Os Espíritos se formam espontaneamente ou procedem uns dos outros?" Resposta: "Deus os cria, como a todas as outras criaturas, pela Sua Vontade. Mas, repito ainda uma vez, a origem deles é mistério".

Cremos suficientes essas citações, para concluirmos da seguinte forma:

a) Que ensinam serem os *espíritos feitos, criados* mesmo por Deus, com elementos Dele Próprio exatamente como uma máquina fabricando peças.

b) Que os Espíritos tiveram princípio, isto é, foram feitos mesmo Por Ele — Deus.

e) Que também podem não ter tido princípio, dado que a criação, sendo ininterrupta, não se sabe quando começou.

d) E arremata ainda afirmando que "não sabe quando e como cada um de nós foi feito: é mistério".

e) Porém, no item 80, diz que o processo é permanente. Deus jamais deixou de nos criar. Mas, a seguir, diz que a origem dos espíritos é mistério, mesmo.

f) No item 79, diz que há dois elementos gerais no Universo: o elemento inteligente e o elemento natural e que os espíritos são formados do primeiro e os corpos inertes o são do segundo, etc. E ainda no item 82 diz que o espírito é a matéria quintessenciada etc.

Bem, citamos e deduzimos assim simplesmente porque qualquer um pode consultar o citado *Livro dos espíritos* e chegar à mesma conclusão, que ali transparece, nos itens numerados. Tudo isso é ainda confirmado pela literatura antiga e moderna da Escola Kardecista.

Então, essa doutrina das "criações absolutas" que aponta sempre para o Deus-Pai como o Criador, mesmo, de TUDO que existe, o espaço cósmico, a matéria e, por extensão, a energia ou a substância etérica, os espíritos, etc., inclusive, é claro, *criador também* de suas faculdades consciencionais, intelectivas, volitivas, etc., é própria, *também*, da doutrina kardecista, que *ainda* não alterou esses conceitos essenciais.

Haja vista que o órgão doutrinário da Federação Espírita Brasileira continua pregando a mesma coisa e até de maneira mais incisiva. Ei-la: Deus criou-os (aos espíritos) perfectíveis e deu-lhes por escopo a perfeição, com a felicidade que dela decorre. Não lhes deu, contudo, a perfeição, pois quis que a obtivessem por seu próprio esforço, a fim de que também e realmente lhes pertencesse o mérito. *Vide Reformador*, fev. 1966, pág. 26, com o título "Anjos e Demônios".

Por essas e outras, deduz-se claramente que admitem, também, como os demais sistemas religiosos, filosóficos, espiritualista, etc., um Deus caprichoso e cruel, pois, sendo conforme também ensinam, Perfeito, Onisciente, Presciente, etc., *criou-os* perfectíveis — sujeitos ao aperfeiçoamento; fez a obra pela metade, isto é, deixando que os próprios espíritos tratassem de completar o que lhes estava faltando, e isso num meio hostil, tentador e desconhecido (O Universo-Astral e o mundo material), o que implica dizer: *sujeitos a duras provas de aperfeiçoamento.*

Oh! Pai de Eterna Bondade, eles não se aperceberam ainda de que existe a mesma pedra no fundo dessa doutrina, que esmaga a lógica, dando o dualismo — o Bem e o Mal — como *originário de uma só fonte criadora.*

No entanto, a Escola Umbandista tem vários pontos de contato com a Escola Kardecista, como por exemplo: aceitamos a reencarnação, a Lei de Consequência, que é o carma constituído, os fenômenos da mediunidade e outros.

Irmãos kardecistas, queiram perdoar-nos. Nós não estamos criticando, assim, os graus de entendimento e de alcance mental que lhes são próprios e que são *alimentados* assim mesmo, há dezenas e dezenas de anos.

Todavia, a Corrente Astral de Umbanda, na palavra de seus verdadeiros mentores, os espíritos-guias, não ensina a seus iniciados, nem mesmo a seus simples filhos-de-fé, conceberem um Deus assentado no Augusto Trono da Eternidade a contemplar a Sua Obra — *a da criação dos espíritos*, esses mesmos que se arrastam há milênios, penosamente, pela via-crucis das repetidas provações, dentro de uma implacável lei de consequência, por Ele mesmo estabelecida.

Leitor, antes de terminarmos essa "preparação psicológica" o convidamos, mais uma vez, a olharmos juntos, como para um imenso panorama, essa atual humanidade. E que vislumbramos? A mesma coisa de todos os tempos.

Rivalidades, brigas, revoluções, guerras, enfim, conflito de ideias, sempre *agressivas*, a par com a miséria moral e material: fome, ambição, inveja, sensualismo, etc., por quase toda parte. Certo? Dissolução moral dos costumes patriarcais, na família e na sociedade, e essa onda de pessoas cabeludas, visivelmente alucinadas, comprimidas pelo subconsciente, com reflexos ou projeções da alma, que os compelem e atordoam assim, para esquecer e derivar angústias e conflitos latentes, imantados na consciência, não do *hoje*, mas do *ontem*.

Encarnam assim como que "assombrados", assim mesmo como se tivessem escapado das Escolas Correcionais do Astral, a fim de extravasarem pela "válvula" terrena milenárias compulsões, na ânsia de reparti-las com seus semelhantes, a fim de envolve-los ainda na "rede" de suas consciências agitadas e endividadas.

E, nesse estado frenético, vão arrastando os simples, os pobres de espírito, que os vão imitando, lamentavelmente.

Sinal dos tempos, dizem os entendidos. Mas o diabo é que esses já vêm assim, desde *saecula saeculorum*, pois até Paulo, o Apóstolo, já os reconhecia, e assim alertava aos Coríntios: "Ou não vos ensina a própria natureza ser desonroso para o homem usar cabelo comprido e que, tratando-se da mulher, é para ela uma glória, pois o cabelo lhe foi dado em lugar de mantilha" (Cap. II, vers. 14, 2ª Carta aos Coríntios).

Mas os cabeludos retrucam, dizendo que Jesus usava cabelos compridos. Ora, não queiram confundir esse uso, essa *distinção*, entre os iniciados essênios daquele tempo com faniquitos, histeria e sensualismo provocado pelo canto e pela dança, no meio profano, público. Ninguém, de bom-senso, pode negar que estamos assistindo a exaltação da futilidade, ao endeusamento da subversão dos valores reais, morais e artísticos. Dizem que isso é a jovem guarda. Mas estão guardando ou preservando o quê?

O que significa tudo isso? pensam mecanicamente os doutos. E haja psicólogos tentando explicações pueris, porque, no fundo, não sabem mesmo a causa do fenômeno moral.

O certo é que a descrença religiosa e o materialismo crescem e avançam, envolvendo tudo, Ninguém mais crê em ninguém. Nunca se exaltou tanto o sexo cru e nu como ultimamente, isto é, nunca houve tanta propaganda organizada do sensualismo, com "fachada" de feminilidade, como agora, através da moda, nas revistas, na televisão e por toda parte.

Uma propaganda altamente sugestiva encarrega-se de incutir na mente de Eva, a mulher, que ela existe mais para o deleite carnal de Adão, o homem, e haja "sexy, sexy e mais sexy"!

Por outro lado, o "zé-povinho" cansou de ouvir e olhar os modernos profetas, refestelados no conforto, todos bem nutridos, bem vestidos, a martelarem incessantemente a história antiga do povo de Israel.

E é por causa desses fatores morais, materiais e religiosos que a massa corre cega, açoitada pela necessidade e pelos males do corpo e da alma — que uma medicina arrogante e comercial não está curando — em busca dos "milagreiros" que surgem por toda parte.

O que há mesmo, irmãos, é a falência das religiões entronizadas no luxo de seus templos, indiferentes a real miséria do povo.

O que há, irmãos, é o *clímax* do *egoísmo* e do *orgulho*!

O que há ainda, irmãos, e de muito certo, é que a "porta" das reencarnações se abriu mesmo, com "passe-livre" a milhares de espíritos marginais do astral e é por isso, principalmente, que estamos assistindo ao ressurgimento frenético dos citados cabeludos, do "iê-iê-iê" e de outros "ritmos", esperando, dentro dessas condições, surgirem novos e esquisitos "frenesis" cantados e dançados.

Mas e a caridade, o amor, a fraternidade, a boa-vontade, o desprendimento? Sim, sempre existiram e estão por aí, também, com uns poucos, bloqueados por todos os lados pela maldade dos outros, que são maioria.

Sim, porque esses atributos positivos também são faculdades de nossa consciência, intrínsecos à nossa natureza espiritual, não os *herdamos de ninguém*.

São os atributos de nossa própria consciência que afloram e passam a dominar, impor-se, à proporção que evoluímos por *dentro* da via-matéria; à proporção mesmo que vamos verificando que temos que nos libertar das malditas injunções da natureza astral e material em que *entramos*, pois que foi e é a tentação mesmo a que não resistimos, quando se deu a nossa *queda*, ou a descida ao abismo da substância ou da energia.

Portanto, vamos entrar, em linhas gerais, porém, precisas, na interpretação do Arcano Maior, procurando esclarecer o pensamento ou os pontos essenciais da Doutrina Secreta da Umbanda, sobre as Causas, o Princípio das coisas físicas, pela ordem dos fatores morais, no que temos como o mais aproximado da Grande Verdade.

E isso o fizemos aqui, mesmo a contragosto, pois somos francos: essa obra possivelmente causará impactos terríveis, no nosso meio e no seu submeio e nos demais setores onde for lida e comentada; talvez sejamos tachados até de materialistas. Deixemos que a tempestade açoite o mar, porque depois fatalmente virá a calmaria.

Porém, quando assim pensarem, convém relerem o que aqui grafamos para todo o sempre: cremos inabalavelmente no Deus-Pai, Perfeito, *sem falhas* em Sua obra, em Seu processo criador; não o aceitamos como Jeová, "deus" de vingança, ceifador de vidas, sectário e cruel, tal e qual está decantado na *Bíblia*; tampouco o aceitamos como máquina geradora de aberrações morais, consciencionais, tal e qual está na doutrina kardecista; e muito menos sob o prisma fanático das religiões que O culpam indiretamente de tudo que é bom e de tudo que é ruim também.

Estamos caminhando para o fim físico e temos que dar conta do *recado* a que nos obrigamos, sobre uma coletividade com a qual nos endividamos, por abuso de inteligência, num passado não tão distante assim.

Já erramos muito em tarefas semelhantes. Em *realidade* somos *degradados*, disciplinados severamente. Já nos foi até cancelado e direito ao próprio grau de iniciação, pelo Tribunal astral competente, numa encarnação passada.

Foi duro recuperá-lo e até hoje ainda sentimos n'alma as cicatrizes dessa recuperação.

E por causa desses *senões* é que estamos situados na seara umbandista, afim de servirmos de veículo de uma Doutrina que, nesse passado, malbaratamos por interesses escusos e muito pessoais; na prática irregular da magia-sexual sobre Eva, a mulher.

Fomos useiros e vezeiros de certos poderes mágicos, os quais, em parte, foram-nos cortados, pois somente agora é que conseguimos alcançar a confiança da Corrente Branca dos Magos do Astral, essa mesma que participa do Governo Oculto do Mundo[5].

E eis por que temos essa tarefa na Umbanda do momento, e não numa dessas pomposas Ordens ou Templos que ostentam, nos graus, a vaidade de seu poderio financeiro e social e que ainda não vimos amparar de verdade os pobres de espírito, de corpo e de estômago.

Umbanda e a Religião dos realmente necessitados, porque São maioria.

Umbanda é o bálsamo do verdadeiro "zé-povinho", com seus dramas morais e materiais, que não pode comprar remédios, quanto mais pagar a psiquiatras, psicólogos ou a médicos especializados.

Ai desse pobre "zé-povinho" se não fossem "os terreiros e os ditos como curandeiros". Ai dele se não fosse "desabafar" com "caboclo e preto-velho" os dramas que irrompem em suas rudes e sacrificadas vidas.

Umbanda é, também, no Brasil, a única Corrente que está encarregada de promover a restauração dos "mistérios maiores", ou seja, da verdadeira Tradição ou *Kabala*, que é mesmo "a tradição do saber", legada aos magos, taumaturgos e iniciados da Antiguidade.

Talvez não o seja por nós, ou melhor, talvez não nos caiba o resto da tarefa, porém outros surgirão e com muito mais luzes do que nós, *pois somos de um grau de iniciação médio, e não superior.* Mas estamos satisfeitos, visto já nos considerarmos realizados nessa parte.

Para que toda a parte lida e por ser lida ainda fique bem compreendida, vamos definir o significado dos termos mais essenciais que estamos usando, sem que pareça elementar, visto visarmos diretamente, com isso, a estabelecer a dupla interpretação ou o sentido oculto de cada um pelo Arcano. Assim, temos:

---

5 *Ver nossa obra* Umbanda e o poder da mediunidade, *que versa diretamente sobre o assunto.*

CRIAR

Ensina-se como: v.t. — dar existência a; tirar do nada; gerar; produzir: originar; inventar; fazer aparecer, etc.

CRIAR
(Interpretação interna do arcano)

Como ato ou ação de dinamizar e transformar a natureza das coisas ou dos elementos; ato ou ação de produzir na substância-etérica os fluidos cósmicos e o fenômeno das associações atômicas, pela Vontade Suprema, pelas Hierarquias Regentes, Magos, Espíritos Superiores, dotados desse poder ou conhecimento. Criar é também plasmar a ideia nos elementos etéricos, que tornam formas. Criar — em análise rasa — é transformar.

NADA

Ensina-se como: s.m. — a não existência; ausência de quantidade; o que não existe; coisa nula; inutilidade, etc.

NADA
(Interpretação interna do arcano)

Aquilo que não é (ou não sai) da substância-etérica, nem de um simples átomo; nem de quaisquer estados ditos como da matéria. É o vazio neutro (vide explicação sobre espaço cósmico, que o completa, na parte dos Postulados).

SUBSTÂNCIA

Ensina-se como: s.f. — aquilo que subsiste por si; matéria; essência; natureza de uma coisa, etc.

SUBSTÂNCIA
(Interpretação interna do arcano)

O mesmo acima (vide definição básica pelo Arcano, como substância-etérica, na parte que trata dos Postulados da Doutrina Secreta de Umbanda).

ENERGIA

Ensina-se como: s.f. — atividade; maneira como se exerce uma força; vigor: (Fis.) faculdade que tem um corpo de fornecer trabalho, etc.

ENERGIA
Interpretação interna do arcano)

O mesmo acima e ainda mais explicitamente: como aquilo que se pode transformar em peso, densidade, formas e cores diversas; em suma, por um lado a energia tanto pode adquirir o aspecto potencial, como de força física, etc., pois o arcano nos diz, *também*, que a energia é (ou está) a matéria condensada. "A *irradiação* de um corpo ou de uma massa provém da quantidade de energia interna que o mantém". Daí, pela decomposição ou desintegração dessa massa, essa energia volta a seu dito estado de "*irradiante*", puro, sendo, portanto, para nós, o *quarto estado* mesmo da matéria e o *quarto*, também, a partir da substância-etérica, pois a Numerologia Sagrada da Umbanda demonstra a questão certa, do I + 7 e não do I + 6, como ensinam outras escolas.

MATÉRIA

Ensina-se como: s.f. — tudo que tem corpo e forma ou substância suscetível de receber certa forma em que atua determinado agente (o sentido interno do arcano é o mesmo e no que se relaciona com energia, etc.).

ESPAÇO

Ensina-se como: s.m. — extensão indefinida; capacidade de terreno, sítio ou lugar, intervalo; duração, etc. *Vide* definição completa nos Postulados, sobre espaço cósmico, etc.

CRIADOR

Ensina-se como: s.m. — Aquele que cria ou criou; Deus, etc.

CRIADOR
(Interpretação interna do arcano)

Aquele que pode operar com a natureza das coisas; produzir por via de seus elementos (*vide* item dos Postulados referente a Deus-Pai).

INCRIADO

Ensina-se como: adj. — Que existe sem ter sido criado.

INCRIADO

(Interpretação interna do arcano)

O mesmo acima, e ainda: Aquilo que existe, mesmo sem ter saído ou sido gerado de outra existência (vide itens dos Postulados, referentes a Deus-Pai, Espíritos, Substâncias e Espaço cósmico).

ARCANOS

Como Arcanos[6] devemos entender certas revelações da Lei Divina ou certos fatores de ordem moral-espiritual e cósmicos, certas elucidações ou esclarecimentos vedados ao leigo, profano ou não iniciado. Por isso é que se ensina como "mistério, coisa oculta, etc.".

A *Kabala* Hebraica (falsificada e empurrada para o Ocidente) nos fala também dos Arcanos Maiores e dos Arcanos Menores, cuja interpretação correta sempre foi privilégio dos Magos de todos os tempos.

---

6 Observação especial: *Existem 3 Ordens de Arcanos: A) Arcanos Divinos, que tratam dos Princípios, das Causas e das Origens de todas as Realidades e de seus fatores finitos e infinitos; da Lei básica do Cosmo Espiritual (vide como o definimos no Postulado 5º), etc. Esses Arcanos são do Conhecimento Absoluto da Deidade; B) Arcanos Cósmicos, cujos conhecimentos são extensivos às Hierarquias Constituídas, que tratam da mecânica celeste ou dos fatores quantitativos e qualitativos da natureza-natural e das Leis Gerais e regulativas da Evolução dos Seres Espirituais pelo Universo-Astral (vide como o definimos no Postulado 7º; C) Arcanos Maiores (21)) e Arcanos Menores (57) que tratam diretamente das Leis e subleis regulativas do Planeta Terra e dos fenômenos de sua "criação" e da Evolução dos Seres Espirituais através dele. Enfim, das "causas e dos efeitos" inerentes à sua Humanidade.*

Não estamos infringindo a *regra*, porque os leigos mesmo, os profanos de verdade, isto é, aqueles que não forem possuidores de sólida cultura iniciática, "quebrarão cabeça" e não chegarão a entender direito o que estamos revelando, inclusive os próprios Postulados da Corrente Astral de Umbanda. Para esses recomendamos passar de leve sobre o problema e procurar em outros livros elementos ao alcance de suas mentalidades.

Porque *cultura* é produto da *reflexão*, da lógica sistematizada, sobre a natureza real das coisas ou dos fatores indutivos e dedutivos. Enfim, cultura iniciática não se aprende ou alcança tão somente pelos livros. O que os livros nos dão é só a erudição, processo em que o intelecto vai acumulando os conhecimentos gerais dos outros, como que "mecanicamente".

Então, leitor, observe bem esta página 39 e vamos interpretar a simbologia apresentada.

SIMBOLOGIA DO ARCANO MAIOR

EVOLUÇÃO PELO
UNIVERSO-ASTRAL

EVOLUÇÃO PELO
COSMO-ESPIRITUAL

AS DUAS VIAS DE
ASCENSÃO NO
ESPAÇO-CÓSMICO

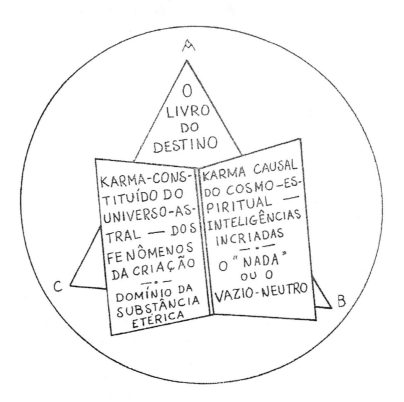

O que está sendo visto então? O que pode revelar essa figuração? Em 1º Plano, o Círculo, simbolizando o Espaço cósmico, infinito, ilimitado, incriado. É na mística do Arcano "A Casa do Pai".

Em 2º Plano, um Triângulo Escaleno (porque não tem os lados iguais: a natureza de um vértice não é igual à dos outros: são distintas e extrínsecas entre si as três naturezas, simbolizando a Existência Tríplice Incriada, assim compreendida: vértice *a*, a Manifestação do Poder Divino, a Presença do Deus-Pai; Vértice *b*, a Manifestação dos

Seres Espirituais ou dos Espíritos Incriados; vértice *c,* a Manifestação da Substância-Etérica Incriada.

Em 3º Plano, a manifestação das Leis Divinas, simbolizadas no *Livro do Destino* (onde estão arquivadas as fichas cármicas originais de todos os Seres Espirituais, desde quando começaram a usar o *direito ao livre-arbítrio*), onde estão qualificados os dois tipos de Carma, com os fatores próprios a *cada um.*

Interpretados assim, em seus pontos essenciais, passemos à definição dos Conceitos Básicos da Doutrina Secreta de Umbanda, através de seus legítimos POSTULADOS.

POSTULADO 1º
(No que diz respeito a DEUS-PAI)

Cremos, inabalavelmente, na Eterna Existência do Deus-Pai como O Supremo Espírito de Absoluta Perfeição.

Cremos e ensinamos que Ele é, de fato e de direito, O INCRIADO ABSOLUTO, porque é Único e Indivisível: jamais recebeu nenhum sopro, vibração ou irradiação de nenhuma outra realidade, por acréscimo sobre Si Mesmo.

Creme-LO como o único Ser de Suprema Consciência Operante, porque domina e dirige TUDO: a eternidade-tempo, o espaço cósmico, a substância-etérica (a energia, a matéria, etc.) e a nós mesmos — espíritos carnados e desencarnados e mesmo em evolução em qualquer sistema planetário do Universo-astral.

Creme-LO como o único possuidor do ARCANO DIVINO; como O único que pode saber a Razão real do "ser ou não ser" dos Princípios, Causas e Origens, do que o Arcano Maior nos revela como das Realidades Incriadas e dos Fatores Criados.

Cremo-LO como Deus-Criador no sentido direto de TUDO que se relaciona ou no que produziu sobre a Substância-etérica, no domínio da astralidade, isto é, na formação e desenvolvimento das vias-lácteas, galáxias, sistemas planetários, sol, estrelas, corpos celestes, etc.

Creme-LO, realmente, como o Divino Arquiteto; como o "Divino Ferreiro", que malha na bigorna cósmica, com Sua Vontade.

Assim, cremos nos *fenômenos da criação*, como uma manifestação de Seu Poder Operante, plasmador, na substância-etérica, de Sua Ideação, criando nela o Arquétipo ou o modelo original dos organismos astrais e das coisas físicas propriamente compreendidas.

Creme-LO, também, como o criador das Leis Morais, regulativas da Evolução Espiritual — o chamado Carma dos hindus e Lei de Conseqüência de outros.

Portanto, em relação com o dito, cremo-LO mesmo como o Criador da matemática quantitativa e qualitativa cósmica, ou seja, da lei que regula a dinâmica celeste.

Creme-LO assim, *sem falhas*, no processo dito da "criação das coisas" subentendidas no que está acima definido.

E para fundamentar os conceitos desse Postulado, damos, como exemplo de relação, o Gênese de Moisés, no qual ele ensinou: "E Deus criou o homem à sua imagem e semelhança".

Passemos, de leve, pelo sentido figurado, para ressaltarmos o interno, pois sendo Moisés um iniciado, um mago, devia possuir as chaves da interpretação dos Arcanos ou da *Kabala* verdadeira.

Sendo o homem propriamente interpretado como um ser humano, composto fisicamente de células, geradoras dos sólidos, líquidos, gasosos e etéricos, os primeiros consolidadores do corpo denso, e o último (o etérico) consubstanciador de um *outro*, de matéria astral, denominado corpo astral, ou perispírito, é claro que essa *criação* se aplica aos organismos que foram gerados da substância-etérica, e que são usados pelo espírito para se manifestar no mundo das formas astrais e materiais, porém não são ele em si. São, é claro, os veículos que usa para viver, quer no mundo astral, quer na condição humana.

Assim, quando Moisés ensinou: "Criou Deus, pois, o homem à sua imagem, à imagem de Deus o criou; homem e mulher os criou",[7] velou o sentido oculto e correto, que seria, como é, na chave de *interpretação do Arcano: "E Deus-Pai plasmou a Sua Ideação, na substância natural, criando o Arquétipo, como forma etérica e a sua continuidade para o Protótipo das formas astrais densas"*.

---

7 *Gênese, 19 Cap. Vers. 27.*

O resto foi trabalho subsequente das Hierarquias[8] para o tipo humano. Em suma: criou à imagem e semelhança do que ideou, e não Dele Deus, sendo imaterial, insubstancial, não plasmou a "sua forma" para ser *copiada*.

POSTULADO 2º
(No que diz respeito à origem e "criação" dos Espíritos)

Cremos e ensinamos que os Seres Espirituais, carnados e desencarnados, quer no planeta Terra ou mesmo de qualquer sistema planetário do Universo Astral, e ainda como *habitantes* do Cosmos Espiritual, em suas condições de Espíritos puros (isentos de quaisquer veículos ou injunções da substância-etérica), são de uma natureza Vibratória que não se desintegra, isto é, não é sujeita a nenhuma espécie de associação ou desassociação (exemplificando: assim como elemento que pode ser composto, decomposto, derivado, enfim, como algo que sai de outra), porque são distintos da própria setessência da matéria.

Cremos que os Espíritos são Incriados, porque a origem da natureza vibratória de *cada um* se perde no infinito do tempo. Só quem sabe a *razão* de sua real origem é Deus. Portanto, coeternos com Deus-Pai.

Cremos e ensinamos mais que os Espíritos têm como potência intrínseca esses atributos essenciais que definimos como consciência, inteligência, volição, sentimentos, etc.

Habitam também o espaço cósmico tal e qual a substância-etérica, porém as Naturezas dessas *três Realidades* são extrínsecas entre si, como também essas três citadas realidades — espaço cósmico, substância e espíritos — são extrínsecas, da Natureza Divina.

Cremos ainda que todos os Seres Espirituais se revelam e se expandem em Consciência, Inteligência, etc., porque são da mesma natureza vibratória incriada.

Todavia, a *tônica-própria* de cada um o faz independente. Cada um vibra, por suas afinidades virginais, como quer e para onde quer: é o dito livre-arbítrio, ou o uso da vontade, que podia ser cancelado pelo

---

8 *Por isso é que a Escola Oriental fala dos construtores siderais.*

Deus-Pai e não foi. E assim é que adquirem estados de consciência distintos um dos outros.

Por causa disso, dessa distinção consciencional — reveladora dos próprios aspectos morais de origem — que os espíritos não podem ter saído, originado, da própria Natureza Divina do Deus-Pai. E foi por via desses fatores que adquiriram a Sua Paternidade Moral, no *sentido* da educação espiritual, da evolução.

Como imagem singela: nós, os espíritos, *vibramos* como pequeninos centros de consciência em evolução, e Ele, Deus, vibra a Consciência Suprema, Integral, Perfeita, que nos dá, por acréscimo, tudo aquilo de que vamos necessitando, na escala evolutiva.

No entanto, é de origem indefinida, eternal de cada ser espiritual, que surge essa diferença, essa distinção, se bem que, na realidade, sejam todos da *mesma "essência"* virginal, e é precisamente em virtude dessa condição que revelam *simultaneamente* suas *afinidades originais*, assim como consciência, inteligência, vontade, sentimentos, tendências, etc., porém não implicando assim, absolutamente, que eles se tenham originado da própria "essência" do Espírito Divino, Deus, que tenham sido feitos ou "fabricados" da própria natureza do Pai.

Esse é um dos ângulos fundamentais suscitado a indução e a dedução teológica e metafísica ou a meditação e à interpretação do *iniciado*, de vez que terá de encontrar, por si mesmo, em sua razão, a lógica para essa *distinção* entre esses *dois termos*, dentro da seguinte afirmação: ter-se originado da mesma não é ter-se originado da própria de cada um e muito menos do próprio Deus-Pai.

Você, que agora mesmo está lendo isso, tem consciência, inteligência, livre-arbítrio, alcance mental para mais ou para menos e nós (o modo de pensar, querer, ambicionar, amar, errar, agir e evoluir.

Em suma: as suas aquisições morais e intelectuais que definem o grau de *estado de consciência* são atributos do seu espírito e se *distinguem* do nosso e de outros quaisquer, porque são *inde-*

pendentes — cada qual vive livremente as suas próprias condições cármicas ou de *destinação*.

Entenda-se: essa questão de *extrair* uma coisa da outra é química, é física, é atômica, porque só se tira algo daquilo que é composto, que está sujeito às associações.

Um eléctron — ou mesmo um próton — é uma das partículas elétricas mais simples do átomo e mesmo que a Física, amanhã, pretenda "dividi-lo teoricamente", o fará apenas em outras partículas, que serão sempre, eternamente as unidades simples da substância etérica básica.

Portanto nós — os espíritos evolutivos, inclusive os mais altos mentores espirituais do planeta o Cristo-Jesus, as Potências Espirituais, as Hierarquias Cósmicas, o Deus-Pai, *somos todos imateriais*, isto é, jamais dependemos do eléctron (e nem mesmo do que a ciência já começa a definir como as partículas contrárias, assim como o pósitron, etc., e que já são apontadas como geradoras de uma *antimatéria*), do próton, do nêutron, do átomo, da energia ou da substância elétrica para ter consciência, inteligência, livre-arbítrio, etc.

Esses elementos do *natura naturandis* nos vêm servindo como canais desses citados atributos nossas e somente porque estamos no Universo-Astral, nessa 2ª Via de Evolução, visto termos abandonado a 1ª Via, o Cosmo Espiritual, "o outro lado da Casa do Pai", ou seja, ainda, aquelas infinitas *extensões* do Espaço Cósmico, onde a energia ou a substância jamais interpenetrou.

Em suma, somos perfectíveis — sujeitos ao aperfeiçoamento moral — sim, porém no sentido restrito de evolução, principalmente pela Via dependente do Universo-Astral, essa que desconhecíamos, *ignorando* ter tamanhas injunções e tentações, porém, nunca, jamais, por termos sido *criados imperfeitos moralmente, da própria Natureza do Deus-Pai.*

Como também cremos que o Deus-Pai, sendo Perfeito, Onisciente, etc., não iria criar; também, de SI Próprio — de Sua Natureza Divina, a *substância-etérica*, para que posteriormente servisse de tentação e de Via ou "campo" de duras expiações ou provações, como se da Suprema

Bondade pudesse *germinar o princípio do bem e do mal*, ou uma *coisa* que iria, fatalmente, concorrer para derivar sentimentos ou atributos morais, em aspectos piores, terríveis, imprevisíveis.

Eis por que as religiões dogmáticas e outros sistemas filosóficos concorrem para o positivismo ateu, quando pregam secamente que "os espíritos foram criados simples e ignorantes" por Deus, como se defeitos morais próprios de *estados de consciência* se tivessem originado da Consciência Suprema, Perfeita, do Pai de Eterna Bondade.

POSTULADO 3º
(No que diz respeito à Matéria, etc.)

Cremos e ensinamos que existe uma substância-etérica, invisível, impalpável, própria do Universo-astral, como básica, fundamental, fonte geradora das transformações e condensações incalculáveis. Essa substância é preexistente, coeterna do espaço cósmico, porque existe dentro dele.

Incriada, isto é, não foi criada por Deus-Pai, no sentido direto de tê-la extraído, gerado, de Sua Própria Natureza Divina.

Sua origem real é o Arcano Divino, domínio da Sabedoria Absoluta do Deus-Pai. Só Ele conhece a *razão* das coisas finitas e dos fatores infinitos.

Esta dita substância-etérica sempre existiu de moto próprio, turbilhões indirecionais (isto é, seu estado potencial ainda não produzia o que a Física denomina "campos de gravitação"), em convulsionamento, sempre a transformar-se em *elementos de variação inconstante:* era o chamado *caos das religiões*.

E para nos fazer mais compreendidos, na mais singela das relações (porque nosso caso não é de definições de Física nuclear, por essa ou aquela Escola, e, sim, estabelecer um conceito metafísico ou filosófico, ponto de doutrina): essa substância-etérica, em constante estado de convulsionamento, de explosão, não chegava às condições de gerar ou de se transformar nos ditos "fluidos universais", que produzem a luz, o calor, a eletricidade, o magnetismo, etc.

E eis por que Moisés falou da "criação do mundo", no *Gênese*, assim: "no princípio era o caos", afirmando mais que Deus disse: "haja luz e houve luz", etc. (Gen. Cap. 1º Vers. 3).

Portanto, cremos e ensinamos que foi o Poder Operante de Deus Pai que dinamizou a citada substância, *coordenando*[9] sua lei natural, o seu moto próprio, a fim de que ela produzisse, como produziu, os denominados íons, num sistema molecular, que são os *fluidos universais*, consubstanciadores dos átomos, com seus elétrons, prótons, etc., *positivos* e *negativos*. Daí é que entendemos a escala atômica, com seus átomos de qualidades diferenciadas, porque, se assim não tivesse sido coordenada, não ficaria nas condições apropriadas para receber e plasmar a dupla manifestação dos Seres espirituais, ou seja, a sua dupla linha de afinidades virginais (ver origem do sexo).

Ainda podemos esclarecer (seguindo nosso conceito metafísico) que esses "fluidos-cósmicos, ou universais" são os mesmos que a Escola Oriental denomina *tatwas*, "formadores dos mundos".

É preciso que esclareçamos ainda que a substância é também considerada por várias escolas como a matéria cósmica indiferençada, antes de gerar as condições acima ressaltadas (*vide* o que definimos a mais, no 2º aspecto do Postulado que trata do espaço cósmico).

Em suma: cremos que essa substância e, por extensão, a matéria, teria que receber, como recebeu, *vibrações de acréscimo* do Poder Inteligente, visto não ter as mesmas *faculdades* que são *inerentes* aos seres espirituais (as nossas), como inteligência, vontade, etc., que englobam *aquilo* que sentimos ser da Consciência.

Cremos ainda que esse dinamismo Divino se impôs sobre a substância como condição regulativa pela — mercê do Pai — a fim de proporcionar uma 2ª Via de Evolução mais apropriada, dado o uso do livre-arbítrio, dos Espíritos, quando resolveram abandonar o Cosmos Espiritual[10] para *descer ou penetrar no outro lado do espaço cósmico*, onde habitava e habita a substância-etérica.

---

9 *Vide Postulado sobre origem do sexo, que aponta uma das razões essenciais do porquê dessa coordenação.*

10 *"Na casa de meu Pai tem muitas moradas"* — está escrito no Evangelho. As moradas, é claro, são os planetas.

Por isso -já o dissemos ; foi que o PAI *criou* o Universo-astral[11].

Em consequência desses fatores é que a Doutrina Secreta da Umbanda define dois aspectos cármicos essenciais: o CAUSAL e o CONSTITUÍDO[12].

POSTULADO 4º
(No que diz respeito ao Espaço Cósmico)

Cremos e ensinamos que o chamado *Espaço Cósmico* é o *vazio-neutro* infinito, ilimitado, indefinido na realidade de sua natureza própria.

É o meio sutil, neutro, imponderável, que a substância-etérica interpenetra e, consequentemente, onde as partículas desconhecidas e as qualificadas como íons, elétrons, nêutrons, etc. se *agitam* na forma dos átomos propriamente compreendidos...

A *razão de ser* desse espaço cósmico é a própria vacuidade, de natureza extrínseca da substância, dos Espíritos e do Deus-Pai. Portanto, é uma realidade, é uma natureza *Incriada*.

Sua dita razão de assim ser é Arcano Divino do SER SUPREMO.

Todavia, o Arcano Maior nos diz que: "É a Casa do Pai, Ele habita-a também e é o Único que pode 'percorrê-la' em sua totalidade, infinita, ilimitada" porque "só o Pai é quem pode limitar o próprio infinito".

Esse Arcano levanta, em relação a essa vacuidade, um duplo sentido, ou seja, uma "divisão" em seu "meio" sutil: a) como o vazio-neutro mesmo, onde a substância-etérica não interpenetrou; onde não há vida própria; onde não habita; onde inexiste quantidade, ou seja, onde nem a mais simples partícula atômica penetrou. Esse aspecto do espaço cósmico é o que a nossa Doutrina aponta como o COSMOS ESPIRITUAL (*vide* sua relação direta com o Carma-Causal).

b) O outro aspecto dessa "divisão" aponta-o como o meio sutil desse vazio-neutro, onde a substância interpenetrou, existe, habita. Onde,

---

11 *"Na casa de meu Pai tem muitas moradas" — está escrito no Evangelho. As moradas, é claro, são os planetas.*

12 *Vide* como os definimos adiante.

no princípio dos *fenômenos* da criação, ela dominava, em constante estado de explosão (seu moto próprio se convulsionava somente até o 1º, 2º e 3º estados era o *caos permanente*. Por; que, já o dissemos, o 4º estado já foi *obra* do Poder Operante do Pai, por isso que o Arcano diz que a lei natural da substância ou matéria *foi coordenada*).

Daí, dessa condição da substância-etérica, desse *4º estado* (dentro desse meio sutil onde dominava e habita) foi que o Pai criou o UNIVERSO ASTRAL (*vide* Carma-Constituído).

POSTULADO 5º
(No que diz respeito ao Carma-Causal do Cosmos Espiritual)

Cremos e ensinamos existir uma Via de Ascensão Original, isto é, a 1ª Via de Evolução dos ESPÍRITOS, dentro do Espaço Cósmico, e que já definimos como o vazio-neutro ou Cosmos Espiritual, própria do Carma-Causal.

Nessa Via, a EVOLUÇÃO é infinita, isto é, o Arcano não revela que obedece a uma reversão, a um limite, a um ponto-final, etc. Diz que saímos dela e temos que voltar a ela.

Como Carma-Causal admitimos ser a Lei básica, fundamental, estabelecida pelo Poder Supremo, de toda Eternidade, a fim de *regular, educar,* os estados consciencionais dos Seres Espirituais, em relação direta com o uso do chamado livre-arbítrio.

Como livre-arbítrio entendemos a percepção consciente, própria do Espírito, de poder expandir suas afinidades virginais, ou as vibrações volitivas de sua natureza, sem *cerceamento, sem limitações.*

Lei Cármica estabelecida — frisamos — para regular, educar, em relação direta com um sistema evolutivo, *completamente vedado,* pelo Arcano Maior, quanto ao seu funcionamento essencial.

Revela somente da existência desse Cosmos Espiritual (já o denominamos, em obra anterior, Reino-Virginal), dessa 1ª Via de Evolução, dentro de uma linha ou desse sistema evolutivo, *distinto,* que vamos definir como Carma-Constituído, isto é, sem *tudo* isso que já conhecemos como lições, experimentações, provações, reajustamentos, etc., próprios do Universo-astral, com sua disciplina imposta, posteriormente, a fim de reajustar a trajetória dos espíritos nessa 2ª Via de Evolução, que conscientemente escolheram, quando se deu a queda ou descida para ela.

E bom que lembremos ao leitor que naquele Cosmos Espiritual os Espíritos "habitavam, e habitam" ainda, puros, completamente isentos de quaisquer veículos provenientes da citada substância.

Assim, para que se entenda o *porquê* dessa queda e ainda o *porquê* da criação do Universo-astral, temos que falar da *Origem do Sexo*.

POSTULADO 6º
(No que diz respeito à origem do sexo dos Espíritos)

Cremos e ensinamos que a origem do sexo está na própria natureza vibratória dos seres espirituais, como as *afinidades virginais de cada um*.

São essas afinidades virginais que, *vibradas* pelo Espírito, foram plasmando, imprimindo sobre a substância o caráter delas e, progressivamente, consolidando suas *tendências de origem*, numa dupla manifestação ou definição.

Essa dupla manifestação de tendências é irreversível, porque é da própria tônica eternal dominante de cada ser espiritual.

Quando os espíritos buscaram a natureza das coisas queriam defini-las, objetiva-las, materializa-las, procuravam as condições para produzir esses aspectos que vieram a ser identificados como o amor ou a tendência sexual de cada um ou o SEXO.

Então, identificamos positivamente que afinidades são atributos intrínsecos dos Espíritos, nasceram neles mesmos, e daí que, ao se definirem e se concretizarem, revelaram aquilo que é do macho e aquilo que é da fêmea.

Fácil, portanto, ao leitor entender por que a Tradição, a *Kabala* e as obras mais autorizadas do ocultismo oriental e ocidental ressaltam o *eterno masculino* e o *eterno feminino*, no sentido mesmo de fatores irreversíveis.

Tanto assim é que seria absurdo, ilógico, atribuir-se à natureza -matéria ter criado no próprio espírito essa tendência, sabendo-se que ele é de natureza distinta, extrínseca à dela, que não tem faculdades criadoras, provenientes da consciência, inteligência, sentimentos, etc., portanto recebeu tendências nela e não as originou. Os seres espirituais não saíram dela, não tiveram origem nela.

A Doutrina Secreta da Umbanda tem como ponto fechado essa questão: um Espírito foi porque é e será eternamente da linha do Eterno Masculino; outro Espírito é porque foi e será eternamente da linha do Eterno Feminino. São ingênuas ou duvidosas as doutrinas que pregam as reencarnações de um espírito ora como homem, ora como mulher.

Há tão somente os casos excepcionais de desvio moral, trauma sexual, etc. É o caso particularmente do homossexualismo. Enfim, surgem como taras ou desvios de fundo moral-sexual, porém transitórias. Fatalmente todos se integrarão na linha ou Vibração afim, certa.

Essa questão do sexo, estando assim definida, desde a origem de seus fatores, digamos, psíquicos ou anímicos, cremos que o leitor já deve ter compreendido que isso que veio a ser o sexo já existia, em estado latente, na ideação virginal dos espíritos, como suas ditas afinidades e que eles *saíram* de lá, do Cosmo Espiritual, a fim de concretiza-las noutra parte, provocando, por causa dessa atitude, a Criação do Universo-astral e uma sublei, que denominamos *carma-constituído*. Vejamos outras considerações.

Tendo assim definido a *origem anímica* do sexo em duas linhas distintas de afinidades, esse arcano ainda faz revelações sobre a origem física do homem, isso é, de onde veio seu corpo animal.

A nossa doutrina não aceita "as provas" ou as teorias científicas sobre a origem do homem-físico (corpo humano), porque, tendo as mesmas certos fundamentos-científicos, não convencem, porque fogem à lógica fundamental.

De um modo geral a ciência concluiu, ou deduziu, que o ancestrais simples e primitivo do homem é oriundo de uma só espécie de *matéria muciforme albuminoide*, também chamada *protoplasma*, ou protameba primitiva; seria, portanto, o mesmo que as *moneres* atuais: organismos sem órgãos, unicelulares.

Depois essas *moneres* evoluíram, numa seriação, ditas como dos ancestrais-invertebrados, até se consolidarem nos ancestrais-vertebrados, que, por sua vez, deram formação, sucessivamente, aos antropoides, ou homens-macacos, daí a ciência (antropologia) clássica dizer: *"o homo-simius"* e outros. Assim, poderemos deduzir simplesmente que:

a) o organismo humano (o corpo físico, animal) deve ter sua "origem real" no protoplasma espécie de matéria ou tecido germinal, que é a que conserva e transmite os caracteres genéticos, através da cromatina do núcleo da célula.

b) essa cromatina do núcleo da célula contém, essencialmente, os gens (ou cromossomos), que são, exclusivamente, gerados pelas gônadas, únicas reprodutoras da célula sexual, e por onde são transmissíveis os denominados caracteres hereditários de uma raça animal, irracional ou racional.

c) e como o ancestral comum do homem, segundo a antropologia, teria sido o homem-macaco, ou o antropoide, teríamos forçosamente de admitir que as gônadas, os gens, os cromossomos desse antropoide tinham que vir se reproduzindo dentro de seus caracteres básicos, até certa altura, quando recebeu "o sopro inteligente, consciente", isto é, até quando incorporou ou encarnou na espécie o *espírito*, ou os seres espirituais.

Isso não tem convencido porque até hoje essa mesma ciência procura o "elo perdido", isto é, a espécie intermediária entre o antropoide e o homem-físico.

Nossa doutrina, ou arcano, como já frisamos, rechaça tais conclusões científicas, porque nesse caso provado das gônadas, da célula sexual reprodutora, dos gens com seus caracteres hereditários, a *dita ciência teria de procurar não um ancestral comum para o homem, mas quatro ancestrais comuns*, porque quatro são as raças básicas, e, assim, quatro têm que ser, forçosamente, seus padrões genéticos, distintos e transmissíveis.

A ciência não prova que o padrão genético do homem de raça negra, com todos os seus caracteres raciais, é igual ao do homem de raça amarela. A ciência não prova que os cromossomos do homem da raça branca são iguais aos do homem da raça negra, isto é, não prova o porquê ou a razão da natureza essencial dos gens de cada tipo racial puro conservarem sempre os caracteres físicos — cor da epiderme, cabelos, olhos, conformações próprias, etc. — através da reprodução da mesma espécie, *sem alterações básicas,* ou melhor, com aquelas qualidades próprias.

Se não houver mistura de gens, entre um homem de raça amarela e uma mulher de raça branca ou negra, o padrão genético de um ou do outro não se altera em suas linhas básicas qualitativas. A mistura ou a mescla de padrões raciais básicos foi que produziu as sub-raças ou os chamados caldeamentos.

Veja-se simplesmente que quando um homem do puro padrão genético ou racial negro, junta seus cromossomos com os de uma mulher do puro padrão racial branco, o que produzem, via de regra? O mulato, ou moreno; notando-se mais que um filho pode trazer mais características do pai que da mãe, e vice-versa, ou seja, ainda, um pode sair com cabelo bom e epiderme mais clara, ou mais escuro e de cabelo ruim, prevalecendo, portanto, a força de um dos padrões genéticos básicos.

Essas considerações simples são aqui feitas para definirmos que, sendo essencialmente, basicamente, *quatro os padrões raciais ou genéticos, quais seriam os quatro antropoides ancestrais e com padrões genéticos distintos*, e em diferentes regiões do planeta, perpetuadores de seus caracteres, se a ciência apenas *procurou um ancestral comum?* E ainda mais explicitamente: qual teria sido o ancestral antropoide cujo padrão genético e distinto se *perpetuou na raça amarela?* E nas raças negra, branca, vermelha?

E ainda mais explícita e profundamente: se os gens, como partes integrantes dos cromossomos, têm propriedades de reprodução natural e, por isso, são os que transmitem os caracteres hereditários e *distintos de cada padrão racial*, e ainda sendo originários dg protoplasma, quantos protoplasmas a ciência teria que classificar, se essa *distinção da natureza íntima ou essencial* de cada um destes padrões raciais está visível em cada uma dessas quatro raças básicas da humanidade, sabendo-se que a mesma ciência, estudando o número de células sexuais ou cromossomos das espécies animais irracionais, *verificou que variavam em quantidade?* E tanto é que a cobaia e o rato têm 16 cromossomos; a rã 24; o pombo 16; a galinha 18; o boi 37 ou 38; e o "bicho homem" varia de 45 a 48, segundo modernos estudos.

Ora, verificando-se ou entendendo-se claramente que essas quantidades são fundamentais e próprias de cada espécie animal, deixemos para a própria ciência oficiosa ou profana descobrir o *porquê real* dessas distinções e dessas variações de quantidade em cada espécie animal, porque não tem coerência científica se não identificarem também os quatro ancestrais antropoides, e todos *com o mesmo número de células sexuais ou cromossomos* — iguais ao do homem — isto é, de 45 a 48.

Assim, entremos com o conceito de nossa doutrina a respeito desse magno problema. Como já dissemos nos Postulados anteriores, os chamados "fluidos cósmicos", ou universais, foram efeitos daquela coordenação do Poder Criador, Operante, Divino, sobre a substância-etérica, gerando o 4° estado, que, por sua vez, consolidara-se nos ditos quatro elementos da natureza: os ígneos, os aéreos, os aquosos, os sólidos, em cujas naturezas essenciais dominavam, respectivamente, o oxigênio, o azoto, o hidrogênio e o carbônio.

Então, queremos que o leitor entenda que esses *quatro elementos da natureza física* têm íntima relação com os citados padrões genéticos e, naturalmente, com o surgimento das quatro raças básicas da humanidade.

O Arcano nos revela que o *protoplasma* das espécies animais irracionais não têm a mesma fonte que o da espécie humana. O plasma germinal do organismo humano foi uma ação técnica das Hierarquias e originou-se da especial *consolidação etérica e* incisiva *do elemento ígneo* com o seu radical — o oxigênio, surgindo assim um "plasma astral", ou uma matéria orgânica astral, que deu formação gradual, progressiva, a um corpo astral, a principio etérico, depois semidenso, denso, rude, sem contornos particulares, condição que foi alcançando com a respectiva consolidação futura. Dentro desse conceito metafísico, a primeira raça que surgiu foi a *Vermelha*[13].

Depois e ainda dentro desse prisma, pela respectiva atuação desses outros elementos — azoto, hidrogênio, carbônio — é que foram surgindo as demais raças: negra, amarela, branca, com seus padrões genéticos próprios e relacionados com essas ditas atuações mesológicas

---

13 *A raça vermelha padrão está praticamente desaparecida. Remanescentes dela ainda podem ser identificados, quer nos índios peles-vermelhas da América do Norte, quer também nos nossos aborígines, através desse tipo primitivo que o General Couto de Magalhães tão bem estudou e definiu em sua obra* O Selvagem *(edição 1913) desde I 8 76 como Abaúna, para diferença-lo do outro tipo que considerou erupção (mestiço) com o elemento branco e que denominou Abaju. Divina, imposta de acordo com seus graus de rebeldia, quanto ao uso que fizeram do livre arbítrio. Como Abaúna apontou o índio de raça para, da cor do cobre, tirando para o escuro, da qual são tipos, conforme ele mesmo observou diretamente, o índio Guaicara, em Mato Grosso, o índio Xavante, em Goiás, e o índio Mundurucu, no Pará.*

ou climatéricas, isto é, uma aclimatação progressiva do quente para o frio, com suas duas condições intermediárias (o que veio a definir-se como as quatro estações do ano), estritamente relacionadas assim, e ainda por causa da *conexão* com seus outros padrões anímicos, cármicos e morais, isto é, sujeitos à disciplina da Lei Divina, imposta de acordo com seus graus de rebeldia, quanto ao uso que fizeram do livre-arbítrio.

Fusões, caldeamentos, sub-raças ou ramos não são padrões básicos é a mescla, que objetiva um padrão único, homogêneo, a fim de extinguir o preconceito racial, o orgulho de raça, etc., para se alcançar o *arquétipo físico*, ou seja, a purificação biológica ou orgânica, porque, vamos convir, o nosso atual corpo físico, por mais maravilhoso que nos pareça, ainda carrega dentro de si detritos, fezes, vermes, pus, etc.

E eis por que na *Bíblia* (citamos sempre essa obra porque a mentalidade ocidental está muito arraigada a ela como "livro divino, de revelação", muito embora contendo algumas verdades, no mais conta apenas a *história* religiosa, social, moral, etc. dos hebreus ou do povo de Israel, por sinal história *não muito* limpa) na parte do *Gênesis Moisés* figurou essas verdades do Arcano Maior quando simbolizou essas quatro raças como os quatro rios que corriam para os quatro pontos cardeais da Terra, e ainda os denominou fluidos, com os seguintes nomes: *Phishon, Gihon, Hiddekel* e *Prath.*

Moisés, assim, baseou-se naturalmente na ciência dos Patriarcas, ensinada por Jetro, guardião da verdadeira Tradição, e disse mais, que Adão, isto é, a primeira humanidade, "foi feito de barro" — e o barro, todos sabem, é de cor vermelha. Esse conceito da origem do homem no barro vermelho também era professado na antiga Babilônia.

No túmulo de *Sethi I* foram pintadas essas quatro raças, pela ordem da cor inerente a cada uma e com os nomes, ou seja: a vermelha é *Rot* (seriam os Rutas da história); a negra é *Halasiu*; a amarela é *Amu*; a branca é *Tamahu.*

Assim, cremos ter definido, nesse Postulado de nossa Doutrina Secreta, a origem do sexo, da raça, e de seus padrões genéticos básicos, concluindo que não deve ter existido um protoplasma ou *um tecido germinal comum* a essas quatro raças.

Certos atributos do corpo físico ou do organismo humano que a ciência julgou ter encontrado em outras espécies animais, como o macaco, o peixe, etc., são devidos, ou melhor, têm suas origens nas injunções da natureza vital do planeta Terra, obedientes à lei da gravidade que regula o equilíbrio desses organismos, facultando-lhes as condições de sobrevivência nos elementos que lhes são próprios, como a água, o ar, a terra: o peixe tem cauda e barbatanas, os pássaros têm duas pernas, duas asas e cauda, os bichos de pelo têm quatro pernas ou duas e dois braços e cauda.

Diz Giebel (e outros) que "no princípio da vida embrionária, quando o embrião se compõe apenas do sulco primitivo e da corda dorsal, a mais minuciosa observação é absolutamente incapaz de distinguir a individualidade humana de qualquer vertebrado, de um mamífero ou de uma ave, de um lagarto ou de uma carpa".

E então? A ciência não sabe, a observação não distingue, mas essa *distinção é patente,* quando de embrião passa a feto e daí à luz física, como produto de sua espécie, pois logo o que é de pelo, é pelo, o que é de pena, é pena, o que é branco é branco, e o que é preto é preto. Os seus caracteres genéticos de origem ali estão, distinguindo a sua hereditariedade, a sua ancestralidade.

POSTULADO 7º
(No que diz respeito ao rompimento do Carma-Causal, para gerar o Canna-Constituído ou a Evolução pelo Universo-Astral)

Cremos e ensinamos que nosso Carma-constituído é uma consequência do Carma-causal, próprio do Cosmos Espiritual. Existe em relação com a Causa. É um Efeito e, sendo assim, é justamente o que as diversas Escolas pregam como a Lei de Consequência.

Nosso Arcano Maior revela que essa Lei surgiu em consequência desse *rompimento* com a causa; e ainda diz mais, que foi por causa desse rompimento que o Deus-Pai *criou o Universo-Astral*, imprescindível como uma 2ª VIA de Evolução, para os seres espirituais, quando do início das *quedas* ou das descidas para o *outro lado* do espaço cósmico, onde a substância existia e existe.

A Evolução dos seres espirituais por essa via é finita, isto é, obedece a uma reversão, a uma limitação, a um ponto final.

E para que na mente do leitor fique bem claro esse Postulado de nossa Doutrina, convém acentuarmos os seguintes fatores:

a) que os seres espirituais *viviam* no Cosmos espiritual, nas condições ressaltadas no Postulado 5º (reler), isto é, que esse cosmos era e é a 1ª Via Evolutiva, sujeita ao Carma-causal, e com direito ao uso do livre-arbítrio.

b) que lá os seres espirituais não tinham veículos etéricos, nem gasosos, nem ígneos; não podiam apropriar-se dos elementos oriundos da substância, a fim de criarem formas ou corpos para uso;

c) que tinham estados de consciência distintos, *vibrando* no que já definimos como suas afinidades virginais, que são irreversíveis;

d) que essas afinidades virginais, ao se *imprimirem* sobre a substância, definiram esse duplo aspecto que veio a ser identificado como o do macho e o da fêmea.

Então, essas condições bem compreendidas, fica patente que houve, realmente, um *rompimento cármico*, uma *desobediência* ao *sistema evolutivo original*, que redundou, por sua vez, nesse sistema de lições, experimentações, provações, reajustamentos e reencarnações a que estamos habituados, porém, *nunca* por termos sido "criados simples e ignorantes" das coisas que o mesmo Pai *iria criar*, posteriormente, de Si mesmo, também, para nos servir de tentação e sofrimentos mil.

Nunca o Pai, em seu infinito grau de perfeição, poderia criar condições que iriam, fatalmente, degenerar afinidades, ou seja, consciências, inteligências, sentimentos, nos aspectos morais já bastante citados, através de nossa "Preparação Psicológica".

Então, é quando a nossa Doutrina exalta a excelsa Bondade do Ser Supremo, reafirmando o aspecto correto de Sua Paternidade no sentido amplo de prover a educação moral-espiritual de todos os Seres, com os elementos ou com os fatores indispensáveis, *dentro da Via escolhida livremente*.

Portanto, quando nós os espíritos resolvemos, no pleno uso de nosso livre arbítrio, romper com o carma-causal, abandonando a Via de Ascensão ou de Evolução Original, foi porque desejávamos definir, justamente, nossas afinidades virginais, nossa ideação, em aspectos mais objetivos, concretos; transformá-las de uma abstração persistente numa realidade viva, atuante.

E sabíamos, nós, os espíritos que estávamos no Cosmos Espiritual, que somente poderíamos conseguir isso através da substância que existia "do outro lado" do espaço cósmico.

E assim é que se deu a nossa queda ao "reino da substância", sem sabermos coisa alguma de concreto (por efeito daquilo que já se experimentou) a respeito dela, e mesmo porque não quisemos acreditar nos esclarecimentos dados, ignorando, portanto, o que iria surgir dessa ligação, como, por exemplo, as suas terríveis injunções, os seus male ditos *efeitos*, por via, é claro, dessa desejada penetração, dessa junção.

Não quisemos acreditar (portanto, ignorávamos) que a lei natural dessa substância, o seu moto próprio era o caos, isto é, sua natural manifestação não ia além dos estados de convulsionamento, de explosão.

Desconhecíamos, assim, que essa substância não ia além de um 3º estado de transformação, a partir dela; portanto, jamais nos poderia fornecer os elementos que seriam imprescindíveis aos objetivos visados. Dentro dessas suas condições naturais, porém limitadas, as nossas afinidades Virginais jamais poderiam definir-se positivamente; jamais poderia produzir os elementos positivos e negativos, base dos futuros organismos, necessários para provocar "as reações ou sensações" *daquilo que visávamos atingir* — o orgasmo.

Em suma: a substância ainda não se transformava além desse 3º estado. Ela não produzia a luz, o calor, a eletricidade, o magnetismo como nós os conhecemos, sentimos e vivemos em relação a eles, não existia o 4g estado, o chamado de irradiante; existiam os íons, mas sem serem potenciados como moléculas.

Nessa situação, que remonta às origens das causas e dos efeitos, foi que o Deus-Pai agiu.

Diz-nos o Arcano, que o fez, como sempre, movido pela Sua Excelsa Bondade, visto os seus filhos — filhos de Sua Paternidade Moral, espiritual — desobedecerem aos conselhos, às instruções dadas pelas Hierarquias Divinas, sobre a natureza da substância, não acreditando nas consequências dessa ligação. O que fizeram foi romper com o carma-causal, usando do direito ao livre arbítrio e se projetaram "como abelhas, para o lado onde dominava a outra natureza".

Foi esse rompimento, essa descida, chamada, alegoricamente, de "queda dos anjos".

68

E foi conforme íamos dizendo quando o Deus-Pai agiu; começou a Sua Obra promovendo nessa substância as condições que iriam ser necessárias à formação de uma 2º VIA de Evolução, já que o fato estava consumado.

E isso o fez *coordenando* a lei natural dessa substância, a fim de se transformar num 4º estado e daí, ainda, no 5ª, 6ª e 7ª, com as sub-transformações próprias de cada um.

Nessa altura, podemos adicionar esse fundamento básico de nossa metafísica ou doutrina: ora, já temos explicado, por vários ângulos, que a natureza da substância não ia ao 4º estado e que esse foi um produto dessa coordenação do Poder Divino, e isso porque essa substância não tinha como dinâmica de sua natureza transformadora o que podemos entender como o eletromagnetismo positivo e negativo. Sem essas condições, como poderia ela se transformar nos elementos genéticos gerantes e geradores? Ou nos cromossomos X e Y?

E Deus-Pai, vendo que isso era imprescindível, dinamizou a natureza da substância, com a força vibratória de Sua Vontade, a fim de que pudesse, futuramente, fornecer esses ditos elementos genéticos, com a potência Vital do que seria próprio do macho e da fêmea.

E assim começou a Sua Obra, com os fenômenos perfeitos da criação de todas as coisas.

Daí foi que plasmou na substância o arquétipo ou o modelo original de tudo que teria de surgir, "dentro desse lado do espaço-cósmico".

Daí foi que surgiu, consequentemente, o chamado, pela nossa Escola, Universo-astral — num incomensurável sistema de corpos celestes, sóis, estrelas, galáxias, vias-lácteas, etc., como obra mesmo da *mercê divina, a fim de atenuar e propiciar* os meios que tanto desejávamos, nós os espíritos que já estamos nele há milênios e milênios.

E, atenção, caro leitor: sem essa coordenação, sem essa mercê do Pai, estaríamos até agora, até esse instante em que você está lendo essas linhas, rolando pela imensidão cósmica, sujeitos aos turbilhões indirecionais, ao estado caótico dessa substância. Não teria havido reinos mineral, vegetal, animal e humano propriamente ditos.

Eis, portanto, em linhas gerais e essenciais, a origem dessa Lei de Consequência, ou de nosso carma-constituído, que foi estabelecido mesmo, não resta dúvida, para regular um 2º sistema de Evolução, por uma 2ª Via astral e material, a qual teremos que ultrapassar para o retorno ao Cosmos Espiritual.

Não resta dúvida também de que esse carma-constituído, que essa lei de consequência, foi uma disciplina imposta, e que se fez necessária, não para castigar duramente, implacavelmente, a nossa desobediência, o nosso rompimento com o carma-causal, mas porque, sabendo o Pai que fatalmente iríamos derivar nossas afinidades virginais, nossos estados consciencionais, em aspectos terríveis e imprevisíveis para nós (por ocasião da queda), e não obstante termos sido alertados sobre tudo isso, mesmo assim quisemos e descemos, fazendo questão do direito ao livre arbítrio essa é que é a verdade nua e crua.

Então, dizíamos, essa disciplina cármica tinha que ser estabelecia, porque o Pai também sabia que iríamos criar, nós mesmos, uma derivação nas afinidades virginais de tal monta, em consequência das injunções do novo meio escolhido, que essa Lei teria que ser adaptada, de acordo com o novo sistema de "ações e reações" que iria surgir, como surgiu, de uns sobre os outros.

Entendamo-nos melhor: lá no Cosmos Espiritual havia amor sublimado entre os pares; havia "ações e reações", porém, completamente distintas das *provocadas pela ligação com a natureza-natural*.

Os sentimentos naturais dos seres espirituais não *vibravam* na tônica que foram atingindo, paulatinamente, por força das coisas que a nova natureza penetrada ia facultando, assim como o *gozo concreto*, sob todos os seus aspectos carnais e materiais, geradores, por sua vez, do citado sistema de "ações e reações" de uns sobre os outros seres, e completamente inexistente naquela Via original do carma-causal.

E foi assim, por via desses fatores, que as lições, as experimentações e as provações surgiram, necessariamente, como processo de reajustamento disciplinar, através, principalmente, das condições mais desejadas, que a tonaram, naturalmente, as mais usadas pela Lei Cármica e que são as reencarnações.

Que o leitor nos permita mais essa síntese retrospectiva: assim, cremos ter ficado bem claro que a substância-etérica (ou a matéria) com sua natureza distinta, extrínseca à nossa, de espírito puro, através de suas injunções naturais, ou seja, pela propriedade de poder condensar-se, teria forçosamente de afetar profunda e poderosamente a nossa ideação virginal, o mesmo que dizer: as nossas faculdades.

Tínhamos que sofrer, como ainda está acontecendo, o impacto desse novo meio, ou *modus operandi*, porque, ao penetrarmos nesse "lado do espaço-cósmico", caímos dentro de uma natureza cujas terríveis injunções nos eram desconhecidas, tão terríveis que provocaram em nossa natureza-vibratória uma grande *agitação* e uma série de impressões novas, consequência desse contato, dessa ligação inicial.

E assim foi que, quanto mais vibrávamos, mais imprimíamos na substância nosso *atordoamento*, atraindo e imantando condensações etéricas disformes, isto é, sem obedecerem a uma aglutinação sistematizada.

Tanto é que fomos obrigados a passar por um outro sistema especial de aprendizado, quando as Hierarquias Superiores, obedientes à Vontade do Pai, criaram mais sistemas planetários e, no nosso caso direto, o planeta Terra.

Nesse planeta tivemos que passar (muitos ainda estão passando), ou melhor, *estagiar* nos "campos eletromagnéticos" próprios dos chamados reinos mineral, vegetal, para depois *animar*, mais diretamente, a vida instintiva da espécie animal, dada a existência do ele mento sanguíneo, que nos foi de vital importância, pois a proporção que íamos vibrando na corrente sanguínea dos animais, íamos também] sentindo determinados tipos de reações, em nosso corpo astral, já em formação, para que as Hierarquias estabelecessem um padrão sanguínea distinto daquele e apropriado à consolidação de um organismo especial, que veio a ser o nosso na condição humana.

Esperamos ter situado bem esse Postulado da Doutrina Secreta da Umbanda.

Todavia, ainda temos que ressaltar o seguinte: os Livros Védicos e outros, do Ocidente, falam de 2 modos de evolução para os espíritos, porém deixam implicitamente compreendido nesses conceitos que um modo se processa pela via carnal, humana, material, e o outro modo é fora dela, ou seja, pelo astral do planeta Terra.

E ainda que fosse por qualquer sistema planetário do Universo, queremos que fique claro que mesmo assim *estaria* dentro do que já

71

definimos como o Universo-astral. Portanto, ninguém fez referência, em livro nenhum, ao que também já definimos como o Cosmos Espiritual, ou 1ª Via de Evolução.

No entanto, devemos confirmar também existir esses dois modos de evolução pelo Universo-astral e, no *caso*, pelo planeta Terra, porém da seguinte forma: mesmo que um ser espiritual se isente da reencarnação, pode continuar prestando serviços diversos no plano astral do planeta Terra ou mesmo de qualquer sistema planetário do dito Universo, no que redunda, de qualquer forma, em evolução.

Que o leitor não confunda esses 2 modos de Evolução que pregam, como sendo os mesmos de nossa Doutrina, inerentes ao que já situamos como do Carma-causal e do Carma constituído. Há que ver a distinção entre eles.

Então, dentro desses aspectos que temos ressaltado como do carma-constituído, admitamos três condições para a reencarnação: a) espontânea; b) disciplinar; e) sacrificial.

Assim, situemo-las: na *condição espontânea* estão incluídos todos os seres que têm "passe-livre", sujeitos apenas ao critério das vagas, dentro de uma certa seleção ou coordenação de fatores morais, pelo mérito e o demérito, na linha de ignorância que rege os simples de espírito, os que não têm alcance mental, intelectual, etc.

Nessa condição cármica está uma maioria que encarna e reencarna, nasce e morre tantas vezes quantas possa, impulsionada, via de regra, apenas pelo seu *mundo de desejos*, que conserva e anseia por expandir no plano material.

Como *condição disciplinar podemos* situar aqueles seres, altamente endividados, conscientes e repetentes das mesmas infrações, como sejam.: os velhacos e tripudiadores sobre a condição humana e mesmo astral de seus semelhantes; os hipócritas e fariseus de todos os tempos, como políticos corruptos e falsos religiosos, falsos profetas e falsos mentores: homens da indústria, das letras e da justiça terrena que, conscientemente, usaram do intelecto, do poder econômico, com arrogância, orgulho, vaidade, como instrumento de opressão física e moral. Esses não têm a ignorância dos simples de espírito a pautar-lhes o *direito* cármico, pelo mérito e demérito de suas ações. Entram no âmbito de uma coordenação disciplinar especial, não têm "passe-livre" para a reencarnação, nas condições relativas e desejadas. Tanto é que muitos e muitos não querem aceitar essa disciplina, rebelam-se e até usam de mil ardis para não descerem à forma humana debaixo de tais ou quais reajustamentos. Inúmeros são os que preferem as Escolas de Correção do Astral, por tempos e tempos, até quando sucumbem ao desejo das coisas carnais e materiais e pedem para encarnar *assim mesmo*.

Ainda é necessário que situemos esse problema cármico assim: a) quando são obrigados mesmo a encarnar, nas condições adversas que não desejavam, a fim de sofrerem reajustamentos duros, dessa ou daquela forma (dentro do espírito do "semeia e colhe"), moral e fisicamente. Nós os vemos nos miseráveis de hoje, como os poderosos de ontem. Eles estão por aí, por toda parte, é só observar; e b) quando, já arrependidos, escolhem livremente essas citadas condições.

E, finalmente, como a *condição sacrificial* podemos situar essa minoria, já evoluída, já isenta da provação individual pela Vida humana, isto é, livre das reencarnações. Dentro dessa minoria, se fossem identificados, na certa que os veríamos como os missionários de todos os tempos, como os mentores e reformadores morais e religiosos e ainda em duras tarefas, escolhidas livremente, dentro da tônica fraternal elevada que lhes é própria. Enfim, podem reencarnar sem injunções do Tribunal Astral competente, obedecendo tão-somente à linha de amor e caridade que trilham.

Acresce dizer mais ser sacrificial voltar à condição humana porque, no plano astral, essa minoria evoluída desempenha tarefas importantes em vários setores; lidera movimentos de alto significado astral sobre a vida humana, coordena escolas, grupos de socorro de toda ordem, etc.

Agora, irmão, que você acabou de ler esse Postulado 7º, veja a página ao lado e estude a *figuração* apresentada, que ela lhe dará uma imagem mental mais objetiva, acrescida das quatro explicações resumidas.

Depois disso, volte a ler os Postulados 5º e 6º, com mais calma, que sua ideação se integrará em nosso pensamento, em nossa Doutrina.

FIGURAÇÃO RUDIMENTAR DO ESPAÇO-CÓSMICO OCUPADO — AS REALIDADES QUE O HABITAM "OS DOIS LADOS DA CASA DO PAI"

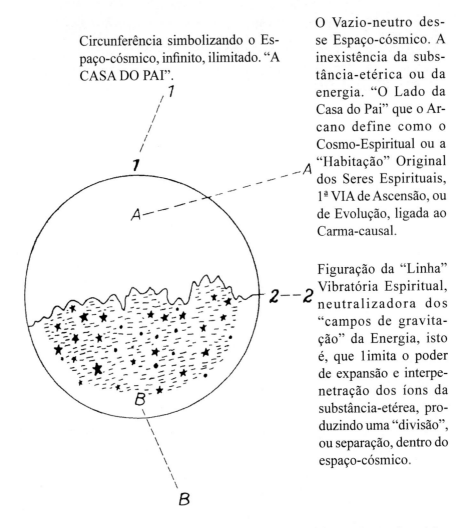

Circunferência simbolizando o Espaço-cósmico, infinito, ilimitado. "A CASA DO PAI".

O Vazio-neutro desse Espaço-cósmico. A inexistência da substância-etérica ou da energia. "O Lado da Casa do Pai" que o Arcano define como o Cosmo-Espiritual ou a "Habitação" Original dos Seres Espirituais, 1ª VIA de Ascensão, ou de Evolução, ligada ao Carma-causal.

Figuração da "Linha" Vibratória Espiritual, neutralizadora dos "campos de gravitação" da Energia, isto é, que limita o poder de expansão e interpenetração dos íons da substância-etérea, produzindo uma "divisão", ou separação, dentro do espaço-cósmico.

O Vazio-neutro interpenetrado pelo "moto-contínuo" da Substância-etérica X domínio e dinamismo da energia ou da matéria. Existência da Lei de Gravidade. Atrações e Repulsões. "O Lado da Casa do Pai", onde Ele formou o UNIVERSO ASTRAL, ou seja, produziu os fenômenos da criação, através do dinamismo e transformações da natureza da substância-etérica. 2ª VIA de Evolução dependente do Carma-Constituído, ou Lei de Consequência.

Capítulo 2

BRASIL, BERÇO DA LUZ, GUARDIÃO DOS SAGRADOS MISTÉRIOS DA CRUZ

Pátria Vibrada pelo Cruzeiro do Sul, Signo Cosmogônico de Hierarquia Crística. Sumé e Yurupari — Primeiras Encarnações do Messias Cristo-JESUS e do Patriarca Legislador MOISÉS — Tuyabaé-Cuaá — Primeira Ordem Espiritual Constituída do Mundo — A Escrita Pré-Histórica do Brasil — Mãe-raiz do Signário Sabeano Universal e do Planisfério-astrológico de Rama, da Kabala e do "Livro Circular" do João e do Ezequiel bíblicos — As Chaves Preciosas da Alta Magia da Umbanda no Quadro-Geral.

Nossa Doutrina Secreta da Umbanda é, antes de tudo, uma obra de revelações mediúnicas — creia quem quiser crer, acredite quem assim puder e alcançar.

Nós não a compomos dentro dos padrões convencionais e comuns da literatura religiosa, espírita, filosófica e do chamado ocultismo.

É só ir lendo e comparando, pois seus conceitos essenciais fogem largamente a *tudo* isso que existe por aí e que também respeitamos, por ser necessário aos diferentes graus de entendimento de nossos irmãos em Cristo-Jesus.

Neste capítulo vamos levantar mais um véu e confirmar pelo sentido oculto de nossa Doutrina por que o Brasil foi cognominado, mui justamente, "Coração do Mundo Pátria do Evangelho"[14] e que nossa Corrente Astral de Umbanda fez definir como "Berço da Luz, Guardião

---

14 *Consultar a vasta literatura autorizada e as provas de correlação apresentadas sobre tão magna questão, através de LUND e outros mais, apontadas até na exposição processada na Biblioteca Nacional, durante o mês de outubro de 1066.*

dos Sagrados Mistérios da Cruz Pátria vibrada pelo Cruzeiro do Sul, Signo Cosmogônico da Hierarquia Crística".

Para isso, vamos começar louvando-nos na palavra de "Caboclo Velho *payé*", para depois comprova-1a nos fatores da lógica e da ciência.

Certa ocasião, estávamos recebendo uma série de elucidações as, trais, quando as cortamos mentalmente, porque havia surgido, repentina, mente, em nossa ideação uma interrogação a respeito de como havia g primitivo terrícola começado a conceber a existência de um Poder Divino. Estávamos sintonizado nessa questão quando "Caboclo velho payé" entrou assim:

"A eclosão do Reino Hominal, ou da primitiva raça dos terrícolas, deu-se mesmo durante a Era Terciária[15] aqui, nesta região do planeta — nesta terra de Brazilan, dita já como Brasil."

Esses primitivos terrícolas foram, lenta e progressivamente, consubstanciando seus caracteres físicos e mentais, até atingirem as condições de agrupamento em famílias, tribos, nações, etc., assim chegando a firmar-se num tronco racial comum.

Nessa altura havia já que relembrar em suas almas a razão dos poderes Divinos, Morais e Cósmicos, tudo a se pautar no alcance mental desses terrícolas de priscas eras; enfim, relembrar todos os fatores morais e divinos que haviam postergado, esquecido, dado o embrutecimento decorrente da caída ou da penetração na via astral ou material.

Portanto, os altos Mentores espirituais se mantinham atentos, aguardando somente que evoluíssem mais, de acordo com as reações que já vinham apresentando, relacionadas com certos fenômenos da natureza.

Esses altos Mentores vinham observando, particularmente, que as reações oriundas do temor aos raios, relâmpagos, trovões, aos efeitos da luz, da claridade, da escuridão, das estrelas cadentes, etc. os agitavam muito, porém, até aí, nada de objetivo podia ser feito ou iniciado, diretamente.

Eles temiam, mas ainda não procuravam mentalmente explicações; não meditavam ainda no porquê da influência desses fatores da natureza-natural sobre a natureza deles.

---

15 *Ver as denominações conservadas na "Nação dos Tupys e Tupynambás, Nação dos Tamoios", etc.*

Posteriormente, por via dessas condições, começaram a imaginar e a identificar, em suas ideações os ruídos desses ditos fenômenos da natureza, isto é, os sons que produziam, e os foram naturalmente *imitando* pela garganta[16] para designar esses ditos fenômenos, nascendo disso o primeiro sistema rudimentar de sons articulados (fonemas), geradores dos primeiros sinais, ou signos, e elementos primordiais de uma escrita, pois logo começaram também a ligar esses ruídos a um som especial, e este a um sinal que lhes foi incutido pelos já citados Mentores astrais.

E assim era, quando pela observação os Mentores verificaram que as coisas que mais impressionavam a ideação do primitivo terrícola eram a luz do sol e o brilho das estrelas, porque era o *sentido de claridade* que mais o satisfazia, dado que essa claridade espantava a escuridão, clareando a noite, e anunciava a cessação das tempestades, trovões, raios, etc., e o brilho das estrelas, porque anunciava ou a ausência desses fatores temidos ou a aproximação deles.

Foi quando a mente do primitivo terrícola evoluiu mais, a ponto de se impressionar especialmente com os fenômenos das estrelas cadentes (nessa época, de muita intensidade e constância) e com a luminosidade dos chamados bólidos, que produziam uma espécie de som ciciado, e,

---

16 *A escrita, em geral, foi classificada em diversos sistemas. Não nos cabe aqui analisar essa questão. Não temos a competência necessária. Todavia queremos assinalar apenas que a mnemônica — sistema destinado a avivar a memória por meio de signos ou objetos — só pode ser uma decorrência natural da ideográfica, pois serve mais para lembrar a coisa ou imagem já figurada. Ideográfica, por sua vez, decorre da onomatopaica (chamam-se propriamente sons onomatopaicos os emitidos pela garganta, no linguajar primitivo, que se relacionavam ou se correspondiam com os mesmos objetos, coisas, ou "imagens-mentais"), pois para designar as mesmas coisas ou ideias o primitivo terrícola lançou mão de sinais, pintura ou desenho. Assim, temos que o filólogo Herder e outros atribuíram à onomatopeia a origem dos primeiros fonemas, sílabas ou palavras. No entanto, outros filólogos, inclusive Max Muller; não estavam de acordo com esse modo de definir ou originar; rebatendo que as raízes, isto é, a origem mesmo de todos os vocábulos, partiram espontaneamente de um poder próprio da natureza humana. O próprio Alfredo Brandão por onde vamos comprovar quase que diretamente essa parte científica de nossa revelação ficou numa espécie de "meio-termo", entre as ideias de Max Muller e de Herder: Todavia, em nosso pequenino entender achamos que a natureza humana e, essencialmente, o Ser Espiritual, e, portanto, tem que expressar a sua ideação. Se essa ideação chegara produzir uma "imagem mental" qualquer; porém suficientemente forte, seja ela abstrata mesmo, mas existente, atuante, tende fatalmente a tomar forma, porque não sendo assim não Se define, não se objetiva nunca. Assim — segundo o próprio A. Brandão — para designar um objeto na linguagem falada o pré-histórico valia-se de um som onomatopaico relacionado a esse mesmo objeto e, para designar a mesma coisa na linguagem escrita, lançava mão da pintura ou do desenho.*

ainda, com os ruídos das descargas elétricas do trovão, tudo isso sendo essencialmente atritos de elementos na atmosfera, que passaram a ligar esses sons a essa *luminosidade*, a essa LUZ, no sentido direto do sobrenatural, ou seja, passaram a atribuir isso tudo à manifestação de algum *poder oculto*, que estava lá no céu.

Já tinham começado a entender o alto valor da luz, quer no a5pecto místico, quer no físico.

Então, nesse ponto, os altos Mentores Espirituais da Raça acharam haver chegado o momento de enviar um Guia, um condutor de grande sabedoria, e ele veio e encarnou, e foi chamado SUMÉ, "aquele que vinha lembrar e estabelecer a Lei e ensinar o segredo de todas as coisas".

Sumé foi crescendo e se destacando em inteligência e sabedoria fora do comum "e foi o pai mais antigo de todos os *payés*".

Sumé foi o primeiro a desvendar "O Sagrado Mistério da Cruz" para a humana-criatura, quando *induziu diretamente* os primitivos habitantes de Brazilan (Brasil) à contemplação da "Constelação do Cruzeiro do Sul", mostrando-lhes que nela *transparecia a forma de uma cruz*[17], e começou a ensinar mais que lá estava a essência, a emanação de um Poder que iluminava tudo..

Enfim, fê-los entender que o Cruzeiro do Sul representava um Poder Supremo, *que estava por trás dele*, despertando e consolidando em seus entendimentos os fatores físico-psíquico-espirituais sobre uma Divindade.

Isso porque já estava consumado em suas mentes o fato de que os bólidos luminosos, o facho luminoso das estrelas cadentes (todos fenômenos comuns e intensivos naquela época) produziam um som ciciado e vivo, repercutindo mais na *sonância do i e do u*, a par com os ruídos da descarga elétrica dita como trovão, raios, relâmpagos, etc., com os sons de *ah, ran, pan, ão, rão,* etc., surgindo disso, por associação natural, a percepção e a assimilação de que esses sons — ligados a esses fenômenos eram "a voz de um Senhor do Céu".

---

17 *O Professor A. Brandão diz (e nós confirmamos com outras experiências sobreo foco da luz da vela e outros) que: "se olharmos com as pálpebras semicerradas um foco luminoso, veremos que esse foco representa um todo constituído por quatro feixes de luz — um superior; outro inferior e dois laterais, formando essa conjunta uma perfeita cruz".*

Nasceram assim, incutidos e ensinados por Sumé, os *primeiros sons venerados* e ligados diretamente à Luz e à Constelação do Cruzeiro do Sul, consubstanciados na *Cruz de fogo físico* quando passaram a cruzar duas hastes de lenha, com chamas nas pontas, para simbolizar e materializar esses Poderes e esses sons, que iam *imitando* (origem dos mantras) pela garganta, dentro da sugestão mágica do mistério.

Eis aí, portanto, o primeiro ritual do fogo, ou da luz, que consequentemente se firmou como *CURUÇÁ — o culto da cruz sagrada*, que era processado e acompanhado pelos sons que traduziam a "voz do Senhor do Céu e da Terra; do fogo que descia e do fogo que subia", e foram esses sons ou essas articulações sonoras, expressadas pelos *tyi, tsiil, tshiio, thiciio, thyciiu*[18] e pelos de *un, ran, pan*[19] que vieram a ser articuladas e firmadas depois, no vocábulo TUPAN — uma associação ou contração dessas duas sonâncias. Nascia assim o primeiro nome básico da Divindade Suprema ou de Deus-Pai de todos nós.

Após essa revelação, temos que fazer uma observação especial: dela deduzimos claramente que no homem primitivo, ou "homo--brasiliensis", além do despertar do sentido natural evolutivo, pelo entendimento, foi *incutido* e *ensinado*, pelos Mentores Astrais, desencarnados e carnados (no caso SUMÉ)[20], a buscar na contemplação do Cosmos e na observação de seus fenômenos a origem ou as causas físico-psíquico-espirituais, passando a compreender segundo o que lhe foi ensinado sobre a Verdade Una da Lei e da Divindade.

Esta é a diferença sensível sobre os estudos e os fatores lógicos e científicos de A. Brandão, Max Muller, Herder e outros mais, nos quais também vamos buscar comprovações dessa revelação porque no fundo se completam ou se identificam, dado que está sujeita a ser interpretada como somente de nossa "mística", de nossa imaginação, etc. Devemos lembrar ainda ao leitor que na tradição religiosa de quase todos os povos consta que os sinais ou os nomes sagrados eram ensinados ou revelados pelos deuses.

---

18 *Sons onomatopaicos ligados à cruz — Cruzeiro do Sul — Luz, Divindade.*
19 *Sons onomatopaicos de fogo, clarão ou luminosidade, do trovão, essencialmente ligados ao Poder de Tupã.*
20 *Denominado Sumé, entre os Tupis (Brasil e Paraguai), e entre os Caraíbas foi TCI/nu; entre os Arovaques foi Carnu; entre os Caraiás foi Caboi.*

Foi Sumé, portanto, quem estabeleceu um conceito místico sobre a Cruz, ligado à Luz, representado na constelação do Cruzeiro do Sul. A Cruz foi, naturalmente, o primeiro signo cósmico grafado e a constelação foi revelada como o primeiro Signo Cosmogônico da Hierarquia Crística, para essa primitiva Humanidade ou Raça firmar a concepção num Deus Único e num Salvador, chamado Reformador, ou Messias, e as diretrizes básicas de uma Lei, que era a mesma Lei do Pai de todos nós, "rasgando" o entendimento desses terrícolas para a sublime concepção dos "*sagrados mistérios da cruz*" ou da crucificação, que Sumé consubstanciou na *Tuyabaé-cuaá*, a *Sabedoria dos Velhos*.

Mas, que se deve entender claramente como *Tuyabaé-cuaá*? Significa *A Sabedoria dos Velhos Payés,* legada por Sumé, a Tradição que foi toda revelada, interpretada e estabelecida através de sinais ou signos cosmogônicos (origem dos signos astrológicos), que se constituiu na 1ª Ordem Espiritual ou Patriarcal do Mundo, na qual a denominada *Kabala* Ária ou Nórdica foi baseada, e por isso dita como a verdadeira, pelos antiquíssimos Sacerdotes de Mênfis, do Egito, porque era oriunda do *planisfério astrológico*, uma *esfera estrelada*, composta de signos e sinais herméticos, deixada pelo Patriarca RAMA, um celta-europeu, legislador da Índia.

Essa esfera estrelada, esse planisfério-astrológico, é o mesmo a que se referem os profetas judeus, é o mesmo *"livro circular"*, ou livro selado, que o anjo mostrou a João e a Ezequiel, que a acharam "doce na boca e amargo no ventre", isto é, "agradável a inteligência, porém de difícil estudo ou interpretação" (João X, 9. Ezequiel III, 1, 2, 3).

É ainda o mesmo planisfério-estrelado que fizemos representar, velado e figurado, na nossa Numerologia Sagrada, constante da obra *Umbanda de todos nós.*

Essa *Kabala* foi considerada a verdadeira (porque a que ficou conhecida do Oriente ao Ocidente foi a hebraica, falsificada), e por isso denominada de Ária ou Nórdica, pelos antigos sacerdotes de Mênfis, porque tinham-na recebido dos sacerdotes bramânicos da Ordem de Rama.

Portanto, foi assim chamada Ária, porque traduzia a Lei de Hamom, a mesma Lei do Carneiro[21] (Áries) desse mesmo Rama que havia

---

21 *Essa mesma Lei dos Aries ou do Cordeiro que era a mesma de Jesus, "O Cordeiro Místico", era a mesma a que João fez referência em suas* Visões do *"Livro Selado no Apocalipse", quando cita a doutrina dos Sete Selos, pelo* "Cordeiro como tinha sido morto", *isto é, alusão direta a crucificação de Jesus (V. S. itens 612-13 e V. 6).*

fixado o *ciclo do carneiro ou do Cordeiro*[22] e por isso tinha como símbolo dois chifres de carneiro, brasão que ele adotou. Em celta o próprio termo Lama significa *Cordeiro*.

A Religião de Rama foi essencialmente a mesma que Moisés adotou e transmitiu & seu povo e à humanidade e que tinha também por símbolo de paz o Cordeiro. Jesus foi o "Cordeiro místico".

Moisés era filiado à Ordem de Rama (Éxodo, VI, 2), isto é, "filho de AMRAM" (Am-Ram) e sua *mãe foi Yo-Ka-Bed*, isto é, o Santuário de YO Ysis, não se tratando assim, verdadeiramente, de origem ou *filiação carnal*.

AM-RAM no egípcio primitivo, no hebraico e no árabe (sem entrarmos em detalhes), pela Lei do Verbo, traduzida nas línguas templárias, era a essência do sacerdócio de todos os países, a casta sacerdotal (ver Éxodo: III, 15 etc.); assim, no hierograma de AMRAM, Moisés significou que ele era o herdeiro da Tradição de Rama, através Yo-Ka-Bed, o santuário de Yo ou Ysis.

Yokabed, em sentido superlativo, significa "a essência da cultura iniciática", e tanto assim foi, que ainda se podem ver na estátua de Moisés, existente no Louvre e esculpida por Miguel Ângelo, os cornos na testa, isto é, os dois chifres de carneiro, símbolo e brasão da mesma Ordem do legislador Rama. Mas demos a palavra a Saint-Yves — *apud* — Leterre, em *Jesus e Sua Doutrina*.

"Rama, cujo nome em celta e em inglês (Ram) significa Carneiro, era celta-europeu, tendo adotado este epíteto, que lhe deram insultuosamente, como brasão do estandarte que guiou seu povo na conquista da África, da Índia, da Pérsia e do Egito."

Os persas substituíram o nome da constelação do *Carneiro* pelo de *Cordeiro*, quando Rama, deixando o Poder, assumiu a Tiara Pontifical com o título de LAMA, que também significa Cordeiro.

É este povo celta-europeu que constituirá mais tarde os arianos, derivação de ÁRIES (carneiro), e que os modernos historiadores cha-

---

22 *Essa mesma Lei dos Aries ou do Cordeiro que era a mesma de Jesus, "O Cordeiro Místico", era a mesma a que João fez referência em suas* Visões do *"Livro Selado no Apocalipse", quando cita a doutrina dos Sete Selos, pelo* "Cordeiro como tinha sido morto", *isto é, alusão direta a crucificação de Jesus (V. S. itens 612-13 e V. 6).*

maram erradamente povo de raça ariana, que nunca existiu como raça propriamente dita, e que o chanceler alemão Hitler quer (entender como *quis*, pois fazia referência àquele tempo) atribuir a *origem* desse povo à antiga Germânia, o que é falso.

É este povo celta que muito mais tarde Moisés selecionou no Egito para constituir o povo de Israel. "Lembra-te que eras estrangeiro na terra do Egito", repetia Moisés.

Sylvain Levy[23] com sua abalizada opinião como erudito professor do Colégio de França, acha que os arianos têm como fonte principal a ítalo-céltica.

C. P. Tyele[24] diz que a mitologia comparada provou que os arianos, no sentido amplo do termo, abrangem os hindus, os persas, os leto-eslavos, os frígios, os germanos, os gregos, os ítalos e os celtas, os quais possuíam, outrora, a mesma língua, bem como a mesma religião, dando assim razão a Moisés quando diz que a *"terra era de uma só língua e de uma só fala"*.

Então é fácil compreender-se que foi essa *Tuyabaé-cuaá*, essa Ordem Patriarcal, essa *Kabala*, que atravessou todos os povos — lemurianos, atlantianos, para daí se espalhar para o Oriente, que, assim, não foi o berço da luz iniciática e — por lá tomando outros nomes, outras particularidades, porém sempre conservando, na essência, as mesmas diretrizes básicas do tempo de Sumé.

Assim, voltemos às linhas mestras do assunto. Esse *culto da cruz*, com seus mistérios e seus significados, foi tão indelevelmente gravado nessa remotíssima Tradição, a *Tuyabé-cuaá*, na concepção religiosa de nossos *payés*, de nossos morubixabas e de nossos primitivos aborígenes, que mesmo no ano 1500, quando as raças indígenas estavam no ciclo final de sua decadência milenar, os portugueses aqui aportados, a fim de explorar as terras, ficaram surpresos e os jesuítas "assombrados", pois ainda encontraram esse culto da cruz tão arraigado e tão vivo, entre nossos ramos tupinambá e tupi-guarani, tamoios, etc., que não encontrando uma explicação muito convincente para o fenômeno, atribuíram *tudo aquilo* de que se foram inteirando sobre a Tradição de

---

23 *L'Inde et le Mande — 1928.*
24 *Manuel de l'histoire des religious.*

82

nossos payés ora a lendas, ora a "obra e graça de S. Tomé", ora a artes do *próprio satanás*.

CURUÇÁ — o culto sagrado da cruz — como vocábulo já perfeitamente definido no tupinambá, traduzia, essencialmente, sua origem onomatopaica, ideográfica e religiosa ligado a Cruz, "Cruzeiro do Sul, luz, fogo, divindade, força, poder, sacrifício, martírio, mistério e Veneração".

Bem como as denominações de "Terra de Santa Cruz, Ilha de Vera Cruz" foram qualificativos já encontrados e ligados ao termo Brazilan, que significa "terra da luz, terra do sol, etc.", de *babal* (um objeto místico, misterioso, de barro cozido, encontrado na cerâmica de Marajó, e de forma cônico-arredondada, com desenhos e inscrições) e *ilan* = luminosidade, luz, etc. Babal contraiu-se em *bra* e associou-se a *ilan* = brazilan = Brasil. Assim, os portugueses não fizeram mais do que repeti-los.

Não era e nem é praxe comum inventar-se nomes para uma terra ou região que já tenha dono ou em que já se encontrem habitantes, sem antes se inteirar dessas coisas de um modo ou de outro.

A escrita pré-histórica do Brasil foi, sobretudo, cosmogônica e teogônica, portanto, profundamente sagrada e esotérica, e está ainda intimamente ligada ou *relacionada com os nossos sinais riscados a que chamamos Lei de Pemba dos nossos guias e protetores ditos como caboclos*, que são realmente a força vibratória que arregimentou os pretos-velhos, as crianças, os exus, etc., a fim de consolidar a Corrente Astral de Umbanda propriamente dita nessas terras de Brazilan, Pátria Vibrada pelo Cruzeiro do Sul, Signo Cosmogônico da Hierarquia Crística. Nossa Lei de Pemba não é, como os leigos e ignorantes pensam, simples riscos ou "garatujas"; as letras modernas não têm valor mágico, nem imantação direta ligada aos elementais ou elementares denominados "espíritos da natureza". Compreenda quem puder.

Esse significado sagrado sobre a Cruz, ligado à astralidade, Luz, Força, Poder, Divindade, Revelação, Lei, etc., *consolidada aqui, debaixo das Vibrações do Cruzeiro do Sul*, foi uma *Revelação* tão profunda, tão sólida, que se projetou e se *perpetuou* através de todos os povos e por dentro de suas Tradições, que seria longo enumerarmos tudo sobre tais aspectos.

Basta que apontemo-la simbolizada na rosa e na cruz, da Corrente Rosacruz, uma das mais sérias e firmes em matéria de magia e conceitos tradicionais.

Basta que apontemo-la no *sinal-da-cruz* — gesto místico, cabalístico ou mágico do ritual da Igreja Romana, e ainda na cruz papal, copiada por igual do signo fenício, introduzida e cultuada somente no 5º século depois de Cristo.

Basta que apontemo-la no significado do Calvário, com o drama e o mistério da crucificação de Jesus.

Basta que apontemo-la como a "cruz de fogo" que Constantino viu no céu de Roma, quando ia travar sua batalha com os exércitos de Maxêncio.

Basta que apontemo-la mais, numa vastíssima literatura, desde a dos mais antigos historiadores, inclusive Plínio (o Antigo), até os mais modernos, assim como Dalet, etc., na qual se trata das estrelas cadentes, meteoros, bólidos, como fenômenos celestes nos quais se viam raios ou centelhas luminosas em forma de cruz.

Basta que apontemo-la 200 anos A.C., no Culto da Cruz já praticado no Oriente, e entre os astecas e os incas, já venerada milhares de anos antes da era cristã.

Tuyabaé-cuaá revelava tão fortemente a tradição sobre Sumé, como aquele que tinha ensinado os segredos de todas as coisas, que os nossos payés chegavam até a mostrar aos Jesuítas a marca do seu pé, gravada numa rocha, daí os ditos religiosos se darem pressa em dizer que a *marca era do pé* do S. Tomé, deles (que nunca esteve nas terras brasílicas, morreu na Índia).

Porém o que mais impressionou os Jesuítas de 1500 foi o culto da cruz, com seus mistérios e suas revelações sobre um Salvador denominado Yurupari.

Yurupari, ensinavam os *payés*, "foi aquele que Sumé disse que vinha", nasceu e o tiraram de sua mãe Chiucy para ser sacrificado, por isso até hoje nós o choramos também.

Yurupari foi, portanto, o Messias, o Grande Reformador autóctone, segundo os abalizados confrontos, provas e interpretações de Vários estudiosos do assunto, pois Yurupari é composto de dois vocábulos

84

nheengatus: *yuru* — pescoço, colo, garganta, e *pari* — fechado, tapado, apertado.

Yurupari quer dizer o mártir, o torturado, o sofredor, o agonizante "sacrificado pela garganta e pelo pescoço", tal e qual Jesus no sacrifício da cruz. Chyuci (Chiucy ou Ceucy) foi a mãe do pranto, portanto uma máter-dolorosa.

Os Jesuítas daquele tempo, apavorados com semelhante "lenda", trataram logo de confundir Yurupari com o *diabo*. O culto existente e dedicado a esse personagem era tão sagrado que as mulheres e crianças não tomavam parte nele[25].

Os mistérios de seu sacrifício, de sua passagem, desde os tempos que a Tradição dos *payés* nem podia mais lembrar, ficaram conhecidos e propalados, através do significado do termo *Mborucayá*, que traduzia amplamente "o martírio ou angústia de uma virgem mãe" para ressaltar o sacrifício desse Salvador, desse Messias.

Mborucayá (vocábulo *aba-nheenga*, língua primitiva do "homo-brasiliensis", da era terciária e, portanto, do nheengatu de seus sucessores, consubstanciada no primeiro tronco tupi) compõe-se de *mboru* — martírio, e *cuyá* — forma de cunhã, (que significa mulher), como o *Maracuyá* (maracujá, a flor) a *Passiflora coerulea*, simbolizou diretamente e perpetuou os mistérios solares, o culto da cruz, o sacrifício de Yurupari e a angústia de Chiucy, uma virgem dolorosa, tal e qual a Maria de Nazaré, mãe de Jesus; tal e qual Chimalman, mãe do Messias Quetzalcoatl; Chibirias, mãe do Messias Bacab; Devaky, mãe do Messias Krysnna; Tcheng-Tsai, mãe de Confucius; Kiang-Huen, mãe de Hu-Tsi; Dughda, mãe de Zaratrusta; Ysis, mãe de Horus; etc.,

---

25 *O Cel. Sousa Brasil encontrou essa tradição tão arraigada, ainda nos meados de 1926, que relata às págs. 63, 64 e 65 de seu opúsculo Em Memória de Stradelli, interessante narrativa sobre o Grande Reformador Yurupari, nascido de Ceucy, segundo a concepção da virgem mãe. E diz mais que, procurando, como fazem, destruir essa lenda perniciosa de Yurupari, em Taracuá, sede do Colégio Salesiano, um padre italiano combatia por muito tempo essa lenda, nos sermões da igreja frequentada pelos índios, até que um domingo, a igreja cheia de indígenas, depois de mais uma vez achincalhar; e para mostrar que não valia nada, levantou do púlpito um instrumento e tocou. Foi um raio que caiu no auditório. As mulheres tapavam os ouvidos e abaixavam-se para não ver nem ouvir o monstro; os homens, tomados de indignação, acometem/n o padre, que conseguiu dificilmente ocultar-se e retirar--se da localidade, por causa do risco de vida que corria. Fatos idênticos são Constantemente registrados em outros lugares (apud Amerriqua página 169).*

porque essa Tradição profética sobre um Salvador, um Messias, um Legislador, que teria sempre que vir, havia-se perpetuado em todos os povos da Antiguidade e todas se fundamentavam numa "virgem que deveria conceber, numa mater-dolorosa". Quase todos os Reformadores ou Legisladores procediam de mães-virgens, inclusive Tsong-Kaba, Sargão I, Láo-Tseu e outros.

Mas não saberíamos interpretar melhor, para o leitor, esse fundamento transcendental, ou esse conceito de base, dos *payés*, sobre o *mborucayá*, do que D. Magarinos e Lozano (*apud* pág. 83 de *Muito antes de 1500*), que assim se exprime:

"O *maracayá* — a *Passiflora coerulea* — goza de privilégios ou predicados esotéricos ou supranormais.

A flor é o mistério das flores. Tem o tamanho de uma grande rosa e neste belo campo formou a natureza um como teatro dos mistérios da redenção do mundo.

A esta flor chamam *flor da paixão*, porque mostra aos homens os principais instrumentos dela, os quais são coroa, coluna, açoutes, cravos e chagas. É a flor que vive com o sol e morre com ele; o mesmo é *sepultar-se o sol,* que fazer ela sepulcro daquele seu pavilhão ou coroa, já então, *cor de luto*, e sepultar nele os instrumentos da Paixão sobreditos, que, *nascido* o sol, torna a ostentar ao mundo.

Trata-se, como se vê, de uma dessas plantas, ou melhor, de uma dessas flores sujeitas, como o *girassol*, aos *misteriosíssimos fenômenos* que a ciência exotérica, sem explicá-los à luz da lógica e da verdade, denomina, dogmaticamente, de *heliotropismo* e a ciência esotérica, a Sabedoria Integral, *encara e estada de maneira muito diversa.*

Como se sabe, o *Lótus* — o *padma* dos indianos — a flor sagrada dos ritos mais antigos e secretos da Índia e do Egito, é o símbolo solar mais venerado, em virtude do *tropismo* que o caracteriza, isto é, emergir à superfície do rio ou do lago, em cujas águas vegeta, assim que o sol nasce, desabrochar ao meio-dia e cerrar as suas cetinosas pétalas azuis, vermelhas ou brancas e submergir, ao pôr-do-sol.

Santa Rita Durão alude, também, ao *maracuyá*, em cuja flor enxerga a cruz e os demais instrumentos de suplício do Grande Iniciado de Nazaré.

Não é possível, asseveram vários autores (despeitados), referindo-se ao milagre, que os *payés* tivessem conhecimento desta divina 'revelação da natureza'!

A *flor do mborucayá*, entre os aborígenes do Brasil, na época do fastígio da sua cultura e, da sua civilização, simbolizava os Mistérios Solares, como a *rosa* e o *helianto, na Grécia* e em outros países da Europa, e o lótus e o crisântemo, em quase toda a Ásia, simbolizavam esses mesmos Mistérios, isto é, o Culto do Sol, origem incontestável do Cristianismo."

Assim, conforme nossa sequência de ideias, a *Tuyabaé-cuaá* ainda perpetuou a história do índio *Tamandaré*, que salvou a sua familia e sua gente do dilúvio que inundou as terras de Brazilan usando *pindó*, a palmeira.

Por aí se vê a semelhança com o Noé da Bíblia; é o mesmo Amalivaca, que na Tradição sagrada dos aborígines da Venezuela se salvou de um dilúvio, com animais e sementes, "num coco de buriti", expressão figurada de um *barco*, canoa.

Os escandinavos também têm a mesma tradição, como o Belgemer, "que se salvou com sua família sobre um barco, por ordem de Deus"; os celtas falavam de um dilúvio e do homem Dwivan e sua mulher Dwivach, que se salvaram, e entre os gauleses era Dwiman e sua mulher Dwimock.

Enfim, queremos deixar bem claro na mente de nosso leitor que essa primitiva tradição de nossos payés não foi ensinada pelos jesuítas, nem por ninguém de outra parte do mundo.

A *Tuyabaé-cuaá* também firmava todo um sistema cosmogônico e teogônico, cimentado em conceitos e interpretações tão profundas e transcendentais que, até hoje, são o suprassumo, a essência de quase todas as correntes religiosas, esotéricas, gnósticas, dos ocultistas, etc., enfim, de tudo o que se pode ler de mais certo, de mais lógico, de mais racional, na chamada literatura do ocultismo Ocidental e Oriental. Vejamos em linhas gerais.

Acreditavam em TUPÃ como a Divindade Máxima, que se manifestava pela Luz, pelo Cruzeiro do Sul, pelo Sol, e o expressavam pela Cruz, e por isso tudo é que tinham o *Tembetá* (falaremos dele adiante, na questão relacionada com a escrita pré-histórica do Brasil).

Tupã era, portanto, o Deus único, que "malhava a natureza cósmica a fim de criar todas as coisas". Não traduzia precisamente o raio ou o trovão, porque raio e trovão, ou o lugar em que acontecia esse fenômeno., ruídos e clarões, designavam como *tupã* (abreviação de Tupã), porque *tu* (no tupi-guarani) quer dizer ruído, barulho, estrondo, resultantes da queda, pancada ou golpe, e *pá*, lugar ou região ligada ao Céu.

Quanto ao vocábulo Tupã, compõe-se de *TU*, ruído, barulho ou estrondo, e *PAN*, que significa bater, malhar, lavrar, trabalhar. Portanto, esse vocábulo exprimia o ruído, o barulho produzido por alguém que bate. Tupã era, assim, aquele Grande Poder que batia, lavrava, malhava, trabalhava a natureza. Mas demos a palavra novamente a D. Magarinos (*Muito antes de 1500*, pág. 130):

"Tupã é a entidade teogônica que a Ásia, a África e a Europa importaram da América, cuja antiguidade já não se pode contestar, em virtude de tudo que a geologia nos permite e, bem assim, de tudo que a epigrafia, arqueologia, a tradição e a história nos evo-cam, através do Código Troano, o Popol-Vul, o Chilam Balam de Chumayel, os textos e os arquivos mais antigos descobertos na América e existentes nos museus das cidades ou capitais mais importantes do mundo).

TUPA, ou THOT-PAN, o Pai dos Deuses, o Deus do Grande Todo, era objetivado, no Egito e na Grécia, por uma figura apavorante, um fauno, um *egipan*, com pelos, chifres e pés de bode, e causava idêntico terror e pânico que o diabo, caracterizado pelos mesmos atributos, inspira, ainda hoje, à maioria dos católicos.

Era o emblema da Virilidade, do Eterno Masculino e do Poder Criador.

PÃ, Deus dos pastores, filho de Hermes (Thôt, em egípcio), e, portanto, o mesmo Thôt-Pan, conforme a teogonia grega, tinha também pelos, chifres e pés de bode e causava idêntico *terror pânico* a quantos o encontravam vagando na penumbra dos bosques sagrados da Grécia antiga."

Cremos já ter demonstrado, pela dissertação anterior, que os *payés* tinham o conhecimento positivo dos "mistérios sagrados", bem como dos "mistérios ou ritos solares", pela trilogia Guaraci-Jaci-Rudá ou Perudá.

Guaraci, o Sol, representava o *poder vital*, mãe-pai dos viventes, no sentido de vida física; Jaci era a Lua, representando a criação do reino vegetal; Rudá, ou Perudá, era o deus, ou a deusa, do amor e da reprodução.

Nossos *payés* eram verdadeiros magos. Conheciam e praticavam a Magia, o magnetismo e a mediunidade, possivelmente com mais segurança, força e efeito do que o que se vem praticando atualmente nesse século XX, por aí.

No ritual mágico do *mbaracá* (instrumento sagrado, imantado, espécie de cabaça, com seixos dentro) faziam as mulheres médiuns profetizar, tal e qual as sibilas de todos os tempos. O próprio significado do termo mbaracá traduzia "cabeça de ficção ou adivinhação".

Tinham o conhecimento perfeito da cura ou terapêutica das ervas, dito como o *caá-yari*, a par com a sugestão, até a distância.

Conheciam e praticavam mais a exteriorização do corpo astral, usando o mantra *macauam*, ou então produziam tal e qual o *ma-khron* indiano, uma encantação mágica, vocalizando *sete termos* ou *sete sonâncias repercutidas* sobre as vogais, conforme constatou o missionário Jean Leri, historiógrafo do Brasil, em 1557 (na época em que a nação dos tupinambás se estendia por toda zona hoje compreendida pelo antigo Distrito Federal, atual capital do Estado do Rio de Janeiro) numa cerimônia mágica, quando os payés ou os *karaybas* (sacerdotes) disseram que podiam comunicar-se com os espíritos, vencer os inimigos por meio de sortilégios e fazer *crescer e engrossar as raízes e os frutos*, conforme cita também a literatura oriental, sobre o que também fazem na Índia e "enche" de admiração basbaque os ocultistas daqui, filiados ao "orientalismo de lá".

Leri ainda conseguiu guardar e grafar essa sonância mantrâmica, mágica, que traduziu assim: *heu, heunau, heard, hurá heu eum oueh,* dentro de uma melodia bela e ritmada, conforme suas próprias palavras[26].

Tamanho era o poder de Magia desses *karaybas* (sacerdotes), poder esse jamais ultrapassado em nenhuma operação mágica dos magos de outras plagas, pois não temos notícias de fatos semelhantes em literatura

---

26 *Jean Leri* — Historia de uma Viagem ao Brasil.

diversa, que o lusitano, ano de 1500 e pouco, sempre Supersticioso e crente, "d'antanho e d'agora", tinha um combate a realizar com certas tribos, inimigas comuns, e *temia*; consultou um *karayba* e esse procedeu à Magia, pondo uma clava enfeitada sobre duas forquilhas, circulando-a e pronunciando termos estranhos (mantras). Logo a clava *voou*, desapareceu e voltou depois de alguns minutos, *tinta de sangue nas pontas*; o *karayba* avisou então que o combate seria vencido, como de fato o foi.

Outro estrangeiro que assistiu à cerimônia mágica dos maracás (*mbaracá*) foi o alemão Von Staden. Quando prisioneiro dos tupinambás disse que os payés usavam orações e falavam aos *mbaracás* e eles respondiam. Se o leitor chegar a ler a obra de Girgois, *El oculto entre los aborígenes de la America del Sud,* compreenderá isso tudo muito bem e se convencerá de que nossos *payés*, nossos *karaybas* eram realmente magos.

Ainda queremos assinalar que nem mesmo esse conhecimento sobre os *chakras* é originário da Índia. Quem primeiro escreveu, notem bem, sobre *chakras*, no Ocidente, foi Leodbeater, o falecido bispo da Igreja Católica Liberal e teosofista estudioso do esoterismo oriental.

Define os *chakras* como "centros de força magnética" radicados no corpo etéreo, sendo os principais em número de sete, e que os indianos chamavam-nos de "flores de lótus", em sentido sagrado, oculto ou místico, e fez inserir em sua obra, *Os chakras,* o desenho de um homem com esses sete pontos assinalados por sete rosas.

Todavia, essa figura de homem que assim consta não tinha as características de um indiano, e, sim, de um aborígine da América do Sul. Ele havia copiado o desenho atribuído ao alemão Gechtel, um outro pregador da teosofia prática no Ocidente, o qual nunca tinha estado na Índia e já conhecia muitíssimo sobre os *chakras*.

Ensina-se comumente que *chakra* é um vocábulo sânscrito e significa: estância, zona, região, província, etc. No entanto, *chakra* e um termo quíchua (América) e tem os mesmos significados ou atributos (e ainda, por analogia, podemos citar o nosso chácara, lugar ou sítio onde se planta), e sem querermos entrar numa longa série de comparações, podemos asseverar que o "segredo dos *chakras*" foi revelado pelos pré-históricos da América do Sul aos atlantes e daí aos indianos, como o foram os da *Tuyabaé-cuaá*.

Bem, e ainda para fundamentarmos o poder dessa primitiva Revelação da Lei Divina e dos Mistérios da Cruz, consubstanciadas por Sumé, na *Tuyabaé-cuaá*, vamos ressaltar que o vocábulo Tupã e as concepções fundamentais que acabamos de focalizar foram as *raízes e as bases* Cosmogônicas e Teogônicas, Onomatopaicas e Ideográficas, que passaram para todas as raças e sub-raças da Humanidade daquela era e através dos milênios, até nossos dias, lançaremos mão, também e diretamente, dos fatores lógicos e científicos que Alfredo Brandão aponta em sua obra *A escrita pré-histórica do Brasil,* porque esse estudo, de caráter estritamente linguístico ou científico, vem-se *identificar* com o que vamos também comprovar pela Lei do Verbo, isto é, pelo que é considerado como de incontestável *valor científico, cabalístico, no L'Archeometre de Saynt-Yves de Alveydre,* porque tudo isso temos também fundamentado em nossa Numerologia Sagrada da Umbanda e nas chaves-básicas do que denominamos sinais riscados da Lei de Pemba.

Diz A. Brandão: "Para explicarmos como a cruz é a imagem da divindade, vamos primeiro procurar demonstrar que o homem pré-histórico sintetizava, encarnava, integralizava essa divindade no fenômeno mais admirável da natureza, no fenômeno físico a que ainda hoje a ciência atribui a origem da vida a o fenômeno da luz".

A divindade suprema, a luz, por sua vez, era figurada na cruz; esta seria o espírito, a forma transcendental daquela.

Newton, Huygens, Descartes e mais os sábios e físicos modernos que estudaram o fenômeno luz e lhe determinaram o espectro mal sabiam que o homem pré-histórico já lhe havia procurado a forma e a tinha pictogravado no sinal da cruz.

Um simples fato provará o que adiantamos: se olharmos, com as pálpebras semicerradas, um foco luminoso, veremos que esse foco representa um todo constituído por quatro feixes de luz: um superior, outro inferior e dois laterais, formando esse conjunto uma perfeita cruz.

Desse fato o pré-histórico deve ter concluído que a cruz era o *substractum*, a essência, o espírito da luz. Esta seria, pois, a manifestação da divindade, uma forma sob a qual a mesma se mostrava.

Por outro lado, a cruz, de quando em quando, se acha ligada a fenômenos luminosos celestes.

Em nossas zonas tropicais, principalmente nas horas da tarde, quando o sol se inclina para o Ocidente, os raios desse astro, refletindo-se nas nuvens, afetam, às vezes, a forma de um grande cruzeiro.

Fitando-se o céu estrelado nas noites de estio, as constelações, os grupos de estrelas, são vistos, em regra geral, dispostos em forma de cruz. Historiadores antigos nos falam de cruzes aparecidas no céu, em rastilhos luminosos. Principalmente nos meses de agosto e novembro, o fenômeno luminoso das estrelas cadentes e dos bólidos muitas vezes se entrecorta, traçando cruzes na abóbada celeste.

"Diversos cronistas, entre esses Plínio, o Antigo, citam o aparecimento, em diferentes épocas, de meteoros, durante a produção dos quais viam-se cruzes na terra sobre as pessoas e sobre os animais.[27]

À vista dessas considerações, parece-nos ficar demonstrada a causa do homem pré-histórico representar a luz na cruz.

É por isso que se encontra a cada passo, gravada ou pintada, nos rochedos do Brasil ou desenhada nos produtos cerâmicos de Marajó.

É ela o signo primitivo que deu origem a todos os outros signos, é ela a imagem da divindade, que encerra em si todas as outras divindades. É a representante do verdadeiro Deus Universal que os nossos antepassados do Brasil adoravam, os filhos da infeliz Atlântida, que foi adorada pelos povos do antigo continente.

'O homem é o animal religioso', disseram, mas todas as religiões, todos os cultos, mesmo os mais estranhos e diversos, são formas de adoração a 'Deus pai todo poderoso, criador do céu e da terra', o Deus único, que foi, que era figurado na luz.

Procurando estudar qual o som, qual a palavra com que o pré-histórico designava a cruz, chegamos à conclusão de que, no princípio, era Tzil ou Tizil.

O que afirmamos não é uma fantasia de nosso espírito, mas uma dedução de fatos que se prendem ao estudo da linguística e da mitologia.

Tizil é um vocábulo onomatopaico, é o ruído da estrela cadente ou do bólido ao atravessar as camadas atmosféricas. É o que se poderia

---

27 *Dalet* — Etude historique et critique sur les étoiles filantes.

chamar o som da luz. É a voz da divindade em estado de calma, assim como o estampido do trovão é a voz da divindade em estado de irritação.

Esse ruído do bólido, que é acompanhado de um rastilho luminoso, vai de um simples ciciar ao estampido. No primeiro caso é semelhante ao ruído do diamante sobre o vidro. Não se trata de um som da luz; é devido ao deslocamento do ar pelo meteorélito. Pode-se ainda comparar ao som da zarra, ou piorra, e é semelhante também ao ruído do fio do trem elétrico, quando se dá a descarga e o veículo se põe em movimento.

É um tizil, ou dzil, prolongado, podendo ainda se entender *tzil, thrili* e até *dzul, trul* e *tilu*.

Ao homem pré-histórico não passou despercebido esse ruído do bólido e, como o fenômeno se acompanhava de luz, esta teve a designação onomatopaica.

Portanto, dzil ou tizil foi a primeira denominação da luz, e sendo figurada na cruz, segue-se que tizil, ou dzil, foi também a primeira denominação da cruz, e como, por sua vez, era a representação da divindade suprema, segue-se que o nome de Deus entre os homens pré-históricos era Tzil.

Por outro lado, verifica-se que a raiz *tz* ou *ts*[28] faz parte de vocábulos que significam Deus, luz, estrela, sol, cruz, fogo, dia e claridade em muitos dialetos americanos, especialmente o brasílico, e, ainda mais, essa mesma raiz, em natureza ou modificada, encontra-se em vocábulos do velho continente, vocábulos que possuem mais ou menos a mesma significação. Em primeiro lugar convém citar a palavra hebraica *Tzedek*, estrela.

O signo fenício idêntico ao que hoje se denomina *cruz papal* tinha o som *ts* (atenção, leitor, ao som *ts*, igual ao *sh* e ao *y*, básicos do nome Jesus ou Y-sh-o, de que trataremos oportunamente).

Tzil contrai-se com o som MU (signo que representa o espaço) e forma o vocábulo TU, que reunido a PÃ, onomatopaica do trovão, forma a divindade brasílica *Tupã* (entre os pré-históricos Tuplan), que traduzida ao pé da letra significa *luz* e *estampido no espaço*. E como

---

28 *O leitor deve guardar já esse som ou essa raiz* tz *e* ts, *pois é fundamental para a explicação que vamos dar; baseada na Lei do Verbo, descoberta por Saynt-Yves e definida em seu "L 'Archeometre".*

luz é a representação de Deus, vê-se por que Tupã é o Deus do raio, do trovão e dos temporais.

Às vezes, de *tizil* nota-se apenas a contração *tl*, que figura então como raiz em muitas palavras originárias talvez da Atlântida e dos povos que lhe continuaram a civilização, tais como os Astecas do México e os Toltecas.

A raiz *tl* aparece nos vocábulos Atlântida, Atlas e Quetzalcoatl, nome de um deus da mitologia mexicana.

Tzil decompôs-se, mais tarde, em *ti* e zil, transformando-se em *TÊ*, que no velho mundo é mudado em *Téo*, Deus. Dzi, que é o mesmo onomatopaico *Tzil*, altera-se em Dzeus, que dá origem a Zeus, o Júpiter grego, o qual dá origem à palavra Deus.

O elemento *Tê* encontra-se também na Escandinávia, onde se vê THOR, que, como Téo, como Zeus, como Tupã, é divindade dos raios e dos temporais.

Também derivados do mesmo vocábulo, embora já muito modificados, são os nomes greco-latinos Júpiter e Yupiter, nomes que na Itália antiga serviram para designar o deus tonitruante do raio, o fulminador dos homens.

Pelo menos nesses vocábulos notam-se as raízes tu e tá, sendo a primeira uma contração de *ilu*. Ainda derivada de *ti* é a divindade brasílica *Jaci* ou *Yaci*, a Lua a senhora da luz; aqui, como se vê, o *ti* foi transformado em *ci*.

A partícula *zil* contrai-se com o signo mu, formando *ilu*, designando ainda a luz. *Ilu* aparece na Gália pré-histórica sob a forma da divindade *Lu*. Simplifica-se em *Il* e gera na Caldeia e em Israel os vocábulos *El, Elle* e *Elloim*, nomes da divindade suprema. Como *al*, aparece em Nínive, no ídolo *Baal*. Na Babilônia nota-se *el*, em *Bello* e *Babel*; *el* aparece ainda entre as divindades sabeanas. De relance, notamos ainda a igualdade de nomes entre as divindades brasílicas e as desse misterioso povo sabeano, que deve ter sido um dos intermediários entre as civilizações pré-históricas do Ocidente e do Oriente.

O elemento *il*, que aparece no velho continente designando divindades da luz, encontra-se também no Brasil pré-histórico, na própria palavra Brasil.

De tudo que acabamos de expor compreende-se o papel fundamental de *Tzil* ou *Dzil*. O fato dos desdobramentos e modificações na palavra, no vocábulo, é correlativo não somente ao poder funcional da divindade e ao próprio desdobramento da mesma em múltiplas pessoas, mas ainda ao desdobramento do signo que a representa em outros deuses que significam outros deuses, que afinal se fundem no primitivo deus.

Diz o Marquês de Vogué que toda divindade semítica se desdobra. Aliás, esse fato é peculiar aos povos da Antiguidade. O Egito apresenta nos seus deuses o tipo desses desdobramentos, os quais se notam num grau muito acentuado em nossa divindade Tzil."

E, prosseguindo com a palavra, acrescenta A. Brandão: "A cruz, dissemos, é a imagem da luz e a luz é a essência da divindade. Logo, podemos estabelecer a seguinte fórmula: Divindade é igual a luz; luz é igual a cruz. Valor gráfico da cruz, na escrita pré-histórica, era puramente mnemônico. Fitando esse signo, toda uma série de fatos era invocada, desenvolvida no espírito do homem antediluviano. A ideia de Tzil arrastava ao misticismo. Todo um tema divino desdobra-se no espírito; depois, passa-se para outro tema humano ou então descia-se a coisas. E assim se explica como uma simples cruz gravada num rochedo podia encerrar em si toda uma história".

Bem, irmão leitor, vamos facilitar mais para você, para o seu entendimento geral. Vejamos o seguinte:

a) estudiosos e autorizados pesquisadores de Linguística, especialmente os da corrente de Flinder e Clodd, chegaram à conclusão da existência de um remotíssimo *Signário* (conjunto de sinais) espalhado entre os antigos povos do Mediterrâneo e que se ligavam à civilização pelásgica que, por sua vez, teria vindo da Ibéria, e que daí fora difundida pelos Fenícios nas ilhas do mar Egeu, no Egito, na Ásia Menor e na região dos Hititas;

b) que esse Signário foi transformado pelos Fenícios em caracteres alfabéticos;

c) que esse dito Signário continha, *ipso facto*, os elementos geradores de uma verdadeira escrita primitiva;

d) portanto, concluíram, após acurados estudos comparativos e interpretativos, que o alfabeto grego não derivou do fenício, nem esse do egípcio, que, por sua vez, não se tinha originado dos chamados caracteres cuneiformes. Todos esses alfabetos haviam derivado daquele Signário, o qual tinha sido composto dos velhíssimos sinais pré-históricos, encontrados nas várias regiões pesquisadas;

e) os sinais pré-históricos que foram sendo descobertos e estudados nessas diferentes regiões pesquisadas do mundo, assim como nos dolmens e nas grutas de França, as inscrições da Etrúria, de Creta, etc., iam todos se *filiar* aos chamados textos *nabatheanos* (considerados como intermediários entre as inscrições palmirianas e as sabeanas) e até as ditas inscrições palmirianas e sabeanas, encontradas aos milhares nos desertos da Síria Central, nos *Ridjims*, espécies de monumentos feitos de pedra, onde esses caracteres estavam gravados. O Marquês de Vogué, em *Inscriptions Sémítiques*, estudou profundamente essas inscrições palmirianas, as quais conseguiu decifrar, só não conseguindo interpretar as sabeanas, visto não ter encontrado lenda, nem tradição ou informe sobre elas naquela região.

Nessas condições, resta-nos apenas, baseados nos trabalhos e nos quadros elucidativos de A. Brandão, constantes de sua obra *Escrita pré-histórica do Brasil,* demonstrar para o leitor a perfeita analogia desses sinais sabeanos com os signos pré-históricos do Brasil, de variação maior e com interpretações teogônicas bem definidas.

Eis, portanto, no QUADRO GERAL, indicadas pelas letras A e B, essa analogia, essa derivação e essa *filiação* desse Signário Sabeano com os Signos Pré-históricos do Brasil.

Também nesse QUADRO GERAL o leitor vai ver o chamado alfabeto Adâmico ou Vatan, considerado como o primitivo da Humanidade, por Saynt-Yves de Alveydre, outra autoridade, citado por outras autoridades, dentro de uma outra linha de fatores científicos e linguísticos correspondentes a LEI DO VERBO. questão importantíssima de que trataremos a seguir. pois ali o pusemos para confronto e provas.

Logo após analisar esse Quadro Geral e sobre ele meditar, o leitor vai ver os *Seis Quadros Mnemônicos*, pelos quais passará a entender claramente os significados profundos e transcendentais desses caracteres mágicos e sagrados da "escrita pré-histórica de nossos *payés*, esses mesmos *caboclos* de nossa Umbanda". Verá como eles se projetarão em sua mente, vivos, atuantes, com todos os seus valores originais e decorrentes.

QUADRO GERAL

A — SIGNOS DO BTASIL PRÉ-HISTÓRICO (Escrita Cosmogônica — Teogônica)

B — Caracteres SABEANOS ou do SIGNÁRIO Universal — apontado como gerador dos Alfabetos do Ocidente e Oriente.

C — Letras do Alfabeto Latino

D — Sinais ou Signos Astronômicos ou Astrológicos.

E — Sinais ou Letras do Alfabeto ADÂMICO, na correspondência fonética, pelas vogais.

Anotação especial: — Nesses Signos, sinais e alfabeto Adâmico estão as chaves-preciosas dos sinais riscados da Alta Magia da Umbanda, que nossos Guias usam (caboclos e pretos-velhos nesse grau), ditos como da Lei de Pemba. São os mesmos que constavam no planisfério-astrológico de Roma, e os mesmos da Kabala Aria que os sacerdotes bramânicos copiaram e tinham como sagrados; são os mesmos do Livro Circular do Apocalipse do João e do

Ezequiel bíblicos. Enfim são sinais morfológicos que, no astral, permaneceram imantados e se correspondem com forças elementais chamadas "espíritos da natureza"; únicos pelos quais os espíritos elementares se ligam, atendem e trabalham, porque as letras modernas não têm força de expressão, reação e imantação, para efeitos de Magia, porque os sons dessas letras obedecem à vibração sonora de nosso metromusical incompleto, por isso dito temperado. Assim que o iniciado, de fato, procure aqui aquilo que o seu merecimento facultar.

1ª observação sobre o Quadro Geral: Como se pode ver; em meticulosa observação e comparação, tudo deriva ou se filia aos Signos pré-históricos do Brasil uma escrita esotérica e sagrada. Veja-se, portanto, que o supradito alfabeto adâmico, considerado por outros como o primitivo da humanidade, são sinais já trabalhados, obedecendo a uma articulação silábica bem particular: Nesse alfabeto adâmico todos os sinais se assemelham, são idênticos ou derivam dos Signos Pré-históricos do Brasil.

Pela numeração de 1 a 22, vejam-se os números correspondentes, em cada conjunto de nossa escrita pró-histórica.

2ª observação sobre o Quadro Geral: (apud pág. 48 de A escrita pré-histórica do Brasil, A. Brandão). "Do quadro acima (identificado por nós com as letras A e B), verifica-se que em 75 signos do Brasil pré-histórico se encontra a seguinte relação, em signos do velho mundo: Caracteres Sabeanos — idênticos 40; semelhantes 8. Caracteres de Creta idênticos 15; semelhantes 19. Caracteres Megalíticos idênticos 23; semelhantes I 9. Caracteres Etruscos idênticos 11, semelhantes 19. Caracteres pré-históricos do Egito idênticos IO; semelhantes 3. Caracteres alfabéticos Gregos idênticos 14; semelhantes 3. Caracteres alfabéticos Fenícios idênticos 10; semelhantes 9. Caracteres alfabéticos Hebraicos idênticos 6; semelhantes 9. Caracteres Sumerianos idênticos 12; semelhantes 6. Caracteres Ibéricos idênticos 16; semelhantes 9".

NOTA: Só extraímos do Quadro de A. Brandão os signos pré-históricos do Brasil e os signos Sabeanos, o suficiente para o nosso objetivo. Porém, para todos os sinais ou caracteres citados, é só procurar na obra acima apontada os Quadros demonstrativos, págs. 42 e 43. Outrossim, na linha B, dos signos Sabeanos, os assinalados com a letra A são megalíticos e cretenses, visto nos ditos sabeanos não haver correspondentes nos do Brasil. Nos signos do Brasil, identificados pela linha da letra A, o conjunto assinalado com a letra B vai-se corresponder com os sinais Oghamicos que foram estudados e admitidos como a "escrita nacional dos gauleses". Quem primeiro deu notícias oficiais dele foi Holder; que os encontrou na Escócia e na Irlanda. Consta de um sistema de riscos, semelhantes ao já citado como assinalado pela letra B. Cremos que no princípio foram um esboço de escala numérica, tal e qual o nosso o indica.

QUADRO MNEMÔNICO Nº 1

Correspondências e Significados por Ordem
Onomatopaica — Ideográfica — Teogônica

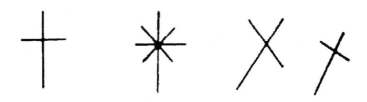

Figurações gráficas do som onomatopaico TIZIL ou TZIL. Decomposto em TI e ZIL, contraiu-se em TE. TZIL contraiu-se ainda com o som onomatopaico MU (espaço), formando o som TU, que, ligando-se ao som PAN, gerou TUPAN . Esses signos têm o valor mnemônico ligado à Luz, Cruz, Cruzeiro do Sul, Sagrado, Senhor, Criação, Deus. Concepção fundamental ou interpretação ligada à Teogonia: Luz, Divindade, Sagrado, Venerado, Senhor do Céu que produz ruído, TUPAN — Senhor dos raios, das tempestades, dos trovões. TZIL é TUPA, Tupan, Tuplan, Tupana, consolidados no Tembetá.

Elucidações decorrentes: "A Constelação do Cruzeiro do Sul" revelou Cruz + Luz, Luz ligou-se a som e este gerou a onomatopaica TIZIL ou Tzil. Tizil é igual a Constelação + Cruz: *som* e *cruz* consolidou-se no TE básico de Tupan e Tembetá.

TÉ — raiz e concepção fundamental do vocábulo Tupã; concretizou-se do TI ou TZ, com o poder funcional e valor concepcional de *principal Divindade* (*masculino*), representado graficamente pelo *signo T* (a cruz simples diminuída da haste superior vertical), para representar a "forma" da *divindade suprema*, materializada num amuleto talhado do jadeíte verde e assim designado especialmente no vocábulo tupi-guarani como *Tembetá*.

Esse vocábulo passou, posteriormente, a elemento da escrita calculiforme. Aparece ainda na Etrúria, Creta, entre os povos sabeanos e do Egito pré-histórico e no alfabeto grego arcaico, como *signal gráfico*.

O TAU grego é o mesmo T latino nosso. Portanto, ternos: T (latino) = T (tau grego) = T (tau grego arcaico) = (tau fenício) = (tau hebraico arcaico) = T do Ti ou Tê do TU de Tupan, Tuplan, Tembetá, "da escrita pré-histórica do Brasil".

Esse T, esse TE, esse TU de Tupan, com essa original concepção, deu raiz, base, através de toda América pré-histórica, Ásia, África, Oceania e Europa, etc., ao TAU ou TAO da *cruz fálica*, em que aparece o T simbolizando o Eterno Masculino e o A simbolizando o Eterno Feminino, e o O simbolizando o Eterno Neutro (ou o vazio-neutro do espaço), consubstanciando o Eterno Poder Criador.

Foi o *THÔT* dos Egípcios; foi o *Thiah* dos Hebreus; foi o *Tah* dos Gauleses; foi o *Thôr* dos Germanos; foi o *TÉO* ou Zeus dos Gregos. Enfim, o *Táo Téo, Theo*, ou *Thôt-Pan,* significando o Deus, único, todos se originaram da *grafia onomatopaica e concepção fundamental sobre TUPAN.*

E ainda no intuito de elucidar mais o entendimento do leitor: uma das três seitas oficiais da China é o TAOÍSMO. Lao-Tse, chefe dessa seita, já pelas alturas do ano 1122 a.C. ensinava que TAO era o VERBO, que tudo produziu pelos números. O termo chinês *Táo* se traduz por VIA, CAMINHO. É igualmente a mesma letra do alfabeto hebraico e fundamentava o "grande mistério", o mesmo já ensinado por SUMÉ e YURUPARY e pelo mesmo JESUS, quando exclamava "Eu sou o primeiro, o último, eu sou o Alfa e o Táo, eu sou a VIA".

Agora falemos diretamente do TEMBETÁ propriamente dito: o *Tembetá* foi (e ainda é) um amuleto (talismã), de jadeíte verde, trabalhado na forma de um T, que também designava um culto masculino (vedado às mulheres) e para perpetuar os "sagrados mistérios da cruz", CURUÇÁ, com os significados profundos e já estabelecidos sobre os futuros martírios e missões de um "salvador ou messias" traduzidos posteriormente pela interpretação oculta na *"flor do Mborucayá"*, maracuyá ou maracujá.

O vocábulo tupi-guarani Tembetá era primitivamente *Tembaitá* e se formou de TE, o signo glitográfico da cruz, e *mbaé*, objeto ou coisa, e *itá*, pedra, e poder traduzir e interpretar na expressão hierática: cruz feita de pedra ou sagrada cruz de pedra, ou então, ainda de *Temubeitá*: Tê — Deus, MU — abismo do espaço ou do mar e Beitá — pedra. Assim a tradução literal será: Divindade do mar feita de pedra; e na dita expressão hierática pode ser interpretado como Sagrada Pedra de

TUPAN ou *Sagrada Cruz de Tupan* e, ainda, Sagrada pedra da Divindade do espaço e do mar.

O culto e o amuleto de Tembetá eram ligados também diretamente ao Sol, GUARACI, representando o Poder Criador, o Princípio Fecundante viril, do fogo, da luz, do calor: o Eterno Masculino de todas as coisas.

QUADRO MNEMÔNICO Nº 2

Correspondência e Significados por Ordem
Ideológica — Onomatopaica — Teogônica

Figurações gráficas do som onomatopaico MU Mu u u. Valor mnemônico de abismo do espaço e das águas. Águas do céu que caíam no mar e nos rios, etc.

Interpretação fundamental e ligada à Teogonia: representação da Divindade do Princípio Feminino (obs. especial: note-se que o tembetá, forma de T, também expressava natureza onde tudo se processava ou manifestava). Consolidou-se no culto do *Muyrakytan*.

Elucidações decorrentes: o vocábulo MUYRAKYTAN decompõe-se em MU, YARA, KY e TAN. MU sugere o tema mnemônico de abismo, espaço, céu, mar, águas, ligados à concepção de Divindade no feminino, e *yara* e *ky* — pessoa, ser inteligente etc., e ira, pedra.

Portanto, a tradução literal e hierática daria: imagem em pedra da Divindade do espaço e do mar ou das águas ou, ainda, Divindade ou Deusa do Céu, do Mar das Águas.

O Muyrakytã propriamente dito era o *itaobymbaé*, representado no objeto de pedra idêntico ao acima grafado um círculo dentro de outro maior, indicando, pela perfuração, a *condição do feminino*, Ou seja, um objeto, ou talismã, que designava o culto de *Muyrakytan*, ligado diretamente à LUA e exclusivo das mulheres iniciadas, que não podiam ter relações sexuais.

E se ainda buscarmos o significado desse termo pela sua origem no abanhe-enga, a língua primitiva do homem pré-histórico do Brasil, pelo vocábulo *Murayarakytan*, temos: *mara* — água, mar; *yara* — senhora ou deusa, e *kytan* — botão de flor, que pode perfeitamente ser traduzido pela expressão hierática "Senhora ou Deusa do abismo que floriu no mar ou nas águas".

Enfim, como valor mnemônico, Muyrakytan desenvolvia um tema ligado diretamente a Divindade (no Feminino) que presidia no céu, no mar, as águas, a terra, o luar, a chuva, etc. Era mesmo para simbolizar o Eterno Feminino, o principio úmido passivo. Note-se que o *tembetá*, na forma de T, também se relacionava com a natureza do sexo, o pênis, e o itaobymbaé, na forma redonda e perfurada, indicavam a natureza do sexo, assim como a vagina e o clitóris.

De Muyrakytan ainda se extraiu Iara, a mãe das águas, e *Iaci*, a filha da Lua, e, ainda, por extensão, a "mãe dos vegetais".

Passou para o "velho mundo" como a Vênus, ou a Diana (21 caçadora), dos romanos; Artemisa, ou Afrodite, dos gregos; a Ísis dos egípcios, a Ione dos indianos; a Astarteia, ou Tanit, dos fenícios; a Freyer, ou Thridit, dos nórdicos da Europa; a Ogh-Am dos gauleses; a Kita dos quíchuas; a Maia dos maias. Tudo isso simbolizando o Eterno Feminino da Natureza.

QUADRO MNEMÓNICO Nº 3

Correspondências e Significados por Ordem
Ideográfica — Onomatopaica — Teogônica

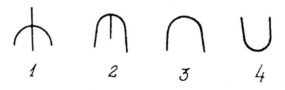

Figurações variadas e gráficas da onomatopaica MU. Valores mnemônicos e gráficos para indicar particularidades: (1) a chuva, imagem pictórica; (2) *idem*; (3) o horizonte, o céu, as nuvens, o espaço cheio de nuvens; (4) as águas do fundo do abismo do mar.

Concepção fundamental ou interpretação ligada à Teogonia: manifestações dos elementos vitais de MU, já como a Divindade da natureza no feminino.

QUADRO MNEMÔNICO Nº 4

Correspondências e Significados por Ordem
Ideográfica — Onomatopaica — Teogônica

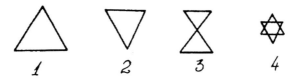

(1-2) = Figurações gráficas (da classe dos signos divinos) das variações onomatopaicas do TÁ, fogo da terra, e RÁ ou rã, ran, rão, fogo do céu. Valores mnemônicos ou teogônicos da *Divindade irritada*, como o Deus da morte e da destruição. Em suma, representações gráficas, mnemônicas, ligadas essencialmente a trovão, tempestade, raios, relâmpagos, etc., como efeitos diretos da Divindade TUPÃ. (3) = Signo divino ligado a esses mesmos sons, com todos os seus valores mnemônicos, como a dupla manifestação da ação da Divindade Suprema: é TA-RÁ, Tu-rã, Tupã. Representam, portanto, uma fusão de valores = expansão do poder da divindade, tanto para cima, como para baixo. Desse signo nasceu o 4º, isto é, o hexagrama, que foi nada mais, nada menos *que o entrelaçamento ou o cruzamento dos dois triângulos* simples. O Hexagrama, dito místico, de Salomão é a mesma estrela (tzedec) Davídica dos Judeus.

Portanto, o Triângulo conservou todos os seus valores mnemônicos: concepcional, mágico, sagrado, cabalístico, até os dias atuais, por dentro de quase todas as correntes iniciáticas do mundo.

QUADRO MNEMÔNICO Nº 5
Ideográfica — *Onomatopaica* — *Teogônica*

Figuração das variações onomatopaicas do som TIZIL ou TZIL. É foneticamente o som ILU: indicam, pelo valor concepcional e mnemônico, Luz da criação do mundo, de Tupã. Sentido de luz criadora do mundo e ainda, por extensão, felicidade, bom tempo, boas colheitas.

QUADRO MNEMÔNICO Nº 6
Ideográfica — Onomatopaica — Teogônica

Figuração gráfica do som onomatopaico ILAN, que se decompõe em IL e AN. IL é uma simplificação de ILU, luz, e *An* ou *pan* é a onomatopaica do trovão.

Interpretação fundamental ligada à Teogonia: O Poder do Senhor da Luz e do Trovão, Luz de Tupã, Raios da Divindade.

QUADRO MNEMÔNICO Nº 7
Ideográfica — Onomatopaica — Teogônica

Z Z̵ₐ

Derivação da grafia de Tizil (cruz e cruzes). Variação onomatopaica do som ILAN. Corresponde à luz do relâmpago, do trovão, do raio, do sentido de força, movimento. Valor mnemônico ligado à força e poderio da cólera da Divindade ou, ainda, à força destruidora da Divindade. Esse signo, superposto ou cruzado, deu formação no velho mundo à suástica (letra *a*).

CONSIDERAÇÕES E COMPROVAÇÕES PELA LEI DO VERBO

Cremos serem desnecessários maiores detalhes sobre os outros signos da escrita pré-histórica do Brasil.

O que já demos sobre os signos essenciais é suficiente para que o leitor compare e confronte a fim de tirar deduções lógicas, racionais, para chegar à conclusão de que o Brasil é, realmente, o berço da luz da primitiva Revelação da Lei Divina; a "Constelação do Cruzeiro do Sul" foi, e é, o Signo Cosmogônico da Hierarquia Crística apontado, *marcado*, e por onde foram revelados "os sagrados mistérios da cruz"; terra onde se deram as primeiras encarnações do Cristo-Jesus e do Moisés bíblico, patriarca e legislador; primeira porção de terra firme a emergir do pélago universal e, naturalmente, por onde se manifestou o Reino Hominal propriamente dito, na era terciária, pelo Homo-brasiliensis, da Lagoa Santa; berço, também, da *Tuyabaé-cuaá*, a primitiva Ordem Espiritual, Patriarcal, que foi o facho conservado entre todas as *raças* e *sub-raças* do Ocidente e do Oriente, consubstanciada através de uma sólida Tradição, dita e reconhecida como fundamentada numa *Kabala Ária* (Tradição do Verdadeiro Saber), oriunda do planisfério-astrológico do patriarca Rama, o mesmo "livro circular" apresentado pelos altos Mentores Astrais ao João e ao Ezequiel bíblicos.

O Brasil é, portanto, o berço original da Sagrada Corrente Astral de Umbanda, composta de todos os magos e taumaturgos do passado, que foram os nossos remotíssimos *Payés*, iniciados-guardiães, que têm a honrosa tarefa de zelar, propagar e *reimplantar* a Lei Divina, contida e expressa na *Tuyabaé-Cuaá*, a Sabedoria do Velho Sumé, pela *Magia*, mãe de todas as ciências, nessa mesma terra de Santa Cruz, vibrada continuamente pelo Cruzeiro do Sul, chamada, desde sua eclosão física e humana, Brazilan, ou Brasil.

Tudo isso que acabamos de ressaltar, baseado na revelação mediúnica e nos fatores lógicos da ciência (através de farta literatura especializada e autorizadíssima, que citaremos no final desse capítulo) foi encontrado já no ano de 1500, *vivo*, isto é, ainda profundamente *atuante*, arraigado, numa raça, ou pelas nações tupi-guarani, tupinambá, tamoios e outras, no *ciclo milenar de uma acentuada de cadência geral*.

Uma raça que, mesmo na decadência, ainda conservava atuantes tais fatores concepcionais, religiosos e transcendentais, isto é, Teogônicos, Mágicos, Cabalísticos, Ritualísticos, etc., como os mesmos que ainda não foram ultrapassados, essencialmente, nas concepções de uma elite religiosa e iniciática, de nenhum povo ou raça do Mundo, até os dias presentes, não poderia jamais representar apenas "uma raça de bugres e canibais". Digamos como disse o sábio alemão Von Martius, botânico e etnólogo: "Os indígenas brasileiros não são uma raça que começa, mas uma raça que acaba".

Agora, leitor ou irmão iniciado, que você já se inteirou de uma série de detalhes importantes de nossa *revelação*, isto é, da palavra de "caboclo velho *payé*", principalmente quando disse que o *som original*, proferido pelo terrícola primitivo, naturalmente relacionado com o Ser Supremo, foi produto de uma *sonância* diretamente ligada ao fenômeno Luz, claridade, clarão, Constelação do Cruzeiro do Sul e Cruz, para se consolidar no vocábulo TUPÃ e para cuja *sonância onomatopaica* nos valemos também dos estudos linguísticos, científicos, do professor A. Brandão, queremos lembrá-lo de que esse som, essa *sonância*, foi, com ligeiras variações, a que correspondia aos *tsicyo, thyciiu, thisil, tisil, tsil, tzil,* etc., que em realidade foi a mesma vibração sonora fundamental ou a mesma vibração mágica existente como *raiz-sonométrica* do mantra divino, base do vocábulo Deus (releia o quadro mnemônico nº 1), pela Ciência do Verbo, onde as letras sagra das A.S.Th. se identificam com o valor correspondente ao Deus único o Supremo e cuja *sonância básica vem dar nos mesmos sons onomatopaicos já ressaltadas*.

Isso é uma ciência profunda; não vamos entrar em detalhes que implicariam que tivéssemos altos conhecimentos de Linguística, Sonometria, Cronometria e outros e outros mais.

Basta dizermos que essa Lei, ou Ciência do Verbo (da Palavra, da Maestria do Som), está pautada no verdadeiro *Metro Musical,* descoberto e provado por Saynt-Yves em seu *L'Archeometre* e com as ditas provas científicas arquivadas no Conservatório de Música de Paris e magistralmente descritas, comentadas e comprovadas por Ch. Gougy, em sua obra *L'harmoníe des proportions et des formes en architeture, d'aprês les lois, de l'harmomie des sons*, Editora Massin-Paris.

Todavia, vamos tentar esclarecer ao leitor, da maneira mais simples possível, sobre essa delicada questão, que envolve diretamente o "segredo dos mantras" intensamente citado na literatura esotérica, dentre a qual ressaltam até vários termos, inclusive o famoso AUM (que mandam pronunciar ôm infantilmente), como um mantra poderoso, mas que ninguém o sabe vocalizar direito, dentro da regra, isso é que é um fato e por quê?

Porque esse ôm, esse AUM, para produzir força, efeitos, correspondência, teria que ser vocalizado *dentro da sonância* da Ciência do Verbo (ciência da palavra) e de acordo com as regras do *verdadeiro metro musical*, e não por esse ôm, relativo a esse metro musical nosso, modulado, temperado, ainda incompleto.

E é por essas razões que leigos, ignorantes e mesmo uma certa maioria tida e havida como médium, ou iniciado dessa ou daquela Escola, não entendem e por isso estranham, quando nossos verdadeiros caboclos e pretos-velhos assoviam de "forma esquisita" e pronunciam *certas rezas* (que dizem mandingas), associando termos estranhos mesmo a elas e cantam pontos que parecem um ritual primitivo.

Certos iniciados pelos livros orientalistas, encastelados na torre de seus balandraus, costumam rir dessas coisas que observam em nossos terreiros — oh! ignorância — taxando-as de infantis, primárias, e no entanto vivem "gemendo" as vogais a fim de produzirem um mantra que nunca *acontece*, a não ser em sua imaginação cheia de "mestres orientais" de nomes pomposos e compridos. Sem compreenderem que o verdadeiro mestre oriental pode estar na forma ancestral de um *payé*, isto é, desses mesmos caboclos que "baixam, fumam e cantam" nas "linhas da Umbanda".

Naturalmente, ao falarmos assim, não estamos generalizando: estamo-nos endereçando a boa parte desses nossos irmãos em Yurupari-Jesus, que também "babam e tremem" de "furor-iniciático, de êxtase-oriental" pelos grupamentos "selecionados", pelos microfones,

107

etc., e pensam e apregoam que nós, iniciados da legítima Corrente Astral de Umbanda, estamos no curso infantil.

Ora, irmãos! Cresçam e apareçam quando quiserem para tomar umas liçõezinhas sobre essa mesma Umbanda de fato e de direito, genuinamente brasileira (não a confundam com africanismo ou culto africano, dito candomblé ou macumba"), pois pode ser até que tenham merecimento e acabem largando esses balandraus, essa pompa, e caiam na linha da humanidade e da sabedoria, essas mesmas que nossas entidades ensinam quando têm a sorte de encontrar veículos-mediúnicos à altura delas. Mas voltemos aos fundamentos.

Vamo-nos basear na obra citada, *L'Archeometre,* de Saynt-Yves, e para isso diremos quem foi e o que fez, ligeiramente.

Saynt-Yves de Alveydre, francês, discípulo do famoso Fabre D'Olivet, foi poliglota, de elevadíssima cultura interna e geral, dedicou a vida aos profundos estudos da Linguística, da religião das ciências psicúrgicas, atualmente ditas ciências ocultas, ou esotéricas.

Autor de obras famosas, rigorosamente pautadas numa linha científica, não sectária, e em consequência das quais existiu até uma Sociedade, criada para fins de altos estudos e pesquisas, denominada "Amigos de Saynt-Yves", em Paris. Dentro dessa linha de estudo e pesquisa, Saynt'Yves aprofundou-se tanto que aprendeu até as chamadas línguas mortas assim como o zend, o aramaico, o siríaco, o assírio, o sânscrito, o hebraico antigo, etc., e para isso foi até a Índia, onde conviveu e pesquisou entre os sacerdotes bramânicos.

Nesses profundos estudos, estritamente científicos, *redescobriu* a própria *Ciência do Verbo,* a sonometria e cronometria fundamentais, inclusive o alfabeto adâmico, e escreveu a portentosa obra citada, livro raríssimo, somente consultado pelos que têm acentuada cultura esotérica, iniciática, filosófica quando querem definir a origem real das verdades históricas, esotéricas e religiosas.

Em suas pesquisas entre os bramânicos foi-lhe apresentado um alfabeto dito *aryano*, ou *vatan* (originário dos árias invasores, o mesmo povo de Aries, os celtas europeus que vieram com o patriarca Rama), os quais não conheciam mais a sua essência, isto é, a sonometria básica completa, porém o traziam inscrito num peitoral (*vide* figuras 10 e 11 do *L'Archeometr*e, de onde extrairmos os sinais constantes de nosso

Quadro Geral, nas letras C-D-E) com alto respeito e dizendo mais que remontava à *primeira humanidade* da Terra.

Saynt-Yves aprofundou-se nele e comprovou que era oriundo mesmo da *Kabala Aria*, isto é, derivava ou se filiava àquele mesmo *planisfério-astrológico* deixado pelo dito Legislador Rama, assunto já debatido por nós, e esse alfabeto constava de sinais astronômicos ou signos astrológicos.

Foi o único que conseguiu interpretar e decifrar cientificamente aqueles símbolos herméticos e reconstituiu o denominado alfabeto adâmico, que consta em farta lexicologia em seu *L'Archeometre.*

E, ainda na sequência desses estudos, conseguiu restabelecer as *bases sonométricas* da supracitada Ciência do Verbo e, consequentemente, a Arquitetura Musical do verdadeiro Metro Musical e da verdadeira Cronometria.

Nessa sua obra, faz figurar um *planisfério*, todo composto de formas triangulares, rigorosamente assimétricas, cheio de signos, sinais e letras no adâmico, no zend, siríaco, aramaico, assírio, sânscrito, hebraico antigo, tudo matematicamente situado e nas correspondências equivalentes, em valores sonométricos, cronomáticos, litúrgicos, sagrados, cabalísticos. Ali está a proto-síntese relígio-científica do passado, presente e futuro.

Naturalmente, os que chegaram a ler todo esse nosso 2ª capítulo com atenção devem ser os que já estão familiarizados com esses fatores históricos e científicos, pelo menos através da excelente obra de Leterre (*Jesus e Sua Doutrina*), outra obra rara, profunda e autorizadíssima, outra verdadeira fonte de verdades históricas, religiosas e científicas.

Portanto, não vamos entrar em maiores detalhes, senão custaremos a chegar onde desejamos; digamos sobre esse *L'Archeometre* o mesmo que disseram os "amigos de Saynt-Yves":

"É um verdadeiro aparelho de precisão das altas ciências e das artes, seu transferidor cosmométrico, seu estalão cosmológico, seu regulador e seu revelador homológico.

Ele trá-las todas ao seu princípio único e universal, a sua concordância mútua, à sua síntese sinárquica.

Essa síntese, que nada mais é do que a Gênese do Princípio, é o VERBO mesmo, e ele autografa seu próprio nome sobre o primeiro triângulo do *Archeometre*: S.O.Ph. Ya — Sabedoria de Deus.

Mas para fazer compreender as aplicações possíveis do *Archeometre*, como revelador e regulador experimental desta gênese e desta síntese, seria preciso entrar em considerações sem fim."

Assim, levemos o leitor apenas a verificar em nosso QUADRO GERAL, na linha E do alfabeto adâmico, que a 1ª, a 15ª, e a última, ou 22ª, letras não têm correspondência com os sinais astronômicos (linha D), tal o mistério e o alto valor sonométrico que tinham, pois com elas segredaram os altos sacerdotes bramânicos a Saynt-Yves essas três letras, "no mistério do êxtase e do mantra", pronunciava-se o *verdadeiro nome de Brama*.

Veja ainda o leitor-iniciado que essas três letras são

o ——   :   ∿ os e o que correspondem,

1ª — (linha horizontal) ao som do *a* ou é e ainda, se na vertical, ao som de *u* ou ôm, de acordo com as regras da Ciência do Verbo, pela mudança ou posição do sinal, para identificar o som silábico pela vogal a que se associou; 2ª — (os dois pontos na vertical) sonância de *Se* ou *Sa* ou *Si*; 3ª — (na forma de um s invertido) Th, na sonância repercutida do *Tê* ou *Ty*.

Isso conferido e entendido, digamos agora por que tinha e tem tão alto valor esse A-S-Th

— iguais a ——   · · ∿

Demos a palavra agora a Leterre:

"É a primeira e última e a do meio do alfabeto adâmico, e ainda são as do hebraico, as quais, como vimos há pouco na figura 11, são as únicas que não têm correspondência com os sinais astronômicos.

São o diâmetro, os pontos centrais de dois hemisférios e a circunferência desdobrada nesses dois hemisférios."

É o sinal que Moisés, por ordem de Jeová, levantou no deserto, significando que ele possuía a ciência dos patriarcas (Éxodo IV, 3) e que os tradutores e interpretadores transformaram em uma serpente de bronze que, afinal, nada exprime e nunca mais foi levantado. Ei-lo:

"É o Aleph hebraico:　•　(A) do alfabeto que Moisés organizou pelo do Aramaico, alfabeto Siríaco, com o qual ele compôs a gênese.

E o Caduceu imaginado por Orfeu, condiscípulo de Moisés e cuja manifestação na Grécia foi artisticamente feita por uma mitologia em que ele procurou materializar as ciências divinas, dando-lhes formas humanas e materiais, para melhor impressionar o espírito público, o que, com efeito, produziu o resultado que esperava e que toda a História da Grécia nos relata. Daí ter sido essa nação o berço da Arte e do Belo."

Era o símbolo de Esculápio, o Pai da Medicina.

"E o AUM védico, de onde partiram os sinais alfabéticos das primitivas línguas zend, pelhvi, etc. É a palavra mística, impronunciável, com a qual os bramas exteriorizam nos mistérios do *instase*:

E, como se vê, o A o U e o O do alfabeto adâmico, de onde Moisés tirou sua Serpente de Bronze.

No evangelho se lê em siríaco: 'Eu sou o Aleph e o Thau', que se traduziu, em grego, por Alfa e Ômega, o primeiro e o último dos sinais adâmicos.

Na escrita morfológica adâmica, o traço indica O raio ou o diâmetro e é a letra A; os dois pontos indicam uma circunferência desdobrada em dois meios-círculos invertidos: S.

Estas três letras adâmicas *ASTh* e essas duas letras assírias ATh significam, pois, a tríplice potência divina constitutiva do Universo tipo; o Círculo significa o Infinito; o Centro o Absoluto; o Raio ou o Diâmetro, sua manifestação, sua relação.

Essas três letras são as que JESUS pronunciou quando disse: 'Eu sou o primeiro e o último — eu sou o Verbo (a palavra o alfabeto); eu sou A Th (em sânscrito), o espirito constitutivo, a alma, a razão viva'.

EU sou o A Ma Th, que encerra por metátese;

A Th — a alma das almas.

A Th Ma — a Existência infinita da essência absoluta.

Tha Ma — o Milagre da Vida, sua manifestação na essência Universal.

Ma Th A — a Razão Suprema de todas as Razões. A Eudoxia de todas as Doutrinas."

"Ora tudo isso é mais transcendente e mais científico do que as ingenuidades interpretativas dos Evangelhos, feitas por certas doutrinas, em que é digno de admiração o fantástico esforço mental para materializar o que é espiritual e espiritualizar o que é material. É um verdadeiro jogo malabar de palavras. São outras tantas Charadas para explicar logogrifos.

Pelo *Archeometre* não há interpretações; lê-se o verdadeiro sentido da palavra na sua pureza originária, organizada pela *Ciência do Verbo*, que encerra em si toda matemática divina."

Bem, irmão leitor, agora que você já deve ter entendido todo o valor desse ASTH, vamos lembrá-lo de que essas três letras, ou melhor, esses três sinais fundamentais, se bem que *conservados* em seus valores litúrgicos, sagrados, mágicos, vibrados e concepcionais, *identificados* como o da *Deidade* ou da Divindade Suprema, pela sonometria da Ciência do Verbo, *foram invertidos*, sem que, com isso, tenham perdido, essencialmente, os citados valores; isto é, *os sons básicos* que os bramas (sacerdotes) vocalizavam no êxtase do mantra, para invocar o *sagrado nome*, ou o primeiro nome de Brama, eram outros obedeciam a uma sonância inversa; houve uma transposição de letras.

112

Se bem que não caiba aqui detalhar tema tão amplo e de difícil entendimento para os não versados na antiga história religiosa dos povos do Oriente, vamos tentar dar uma ideia singela ao leitor do *porquê* dessa inversão ou dessa transposição de letras.

O leitor deve estar lembrado de que já falamos naquele famoso Cisma de Irshu, havido na Índia há 3600 anos, mais ou menos, antes de Cristo e nas consequências dessa luta religiosa e política, de onde surgiu o Ionismo, para combater e dividir a Ordem Dórica reinante, deixada justamente pelo patriarca Rama.

Nessa época, a Índia já tinha várias sínteses religiosas, inclusive a bramânica concordatária de Krisna, fonte do abrahamismo, que era a que pontificava e sustentava a síntese religio-científica, expressa no Princípio Individual, monoteísta, tudo fundamentado no valor litúrgico, sagrado, vibrado, de certos termos ou letras pela *Ciência do Verbo*.

A Tradição Iniciática e Patriarca adotava a proto-síntese religio-científica revelada, conforme prova Saynt-Yves em seu *Archeometre,* pelo planisfério triangulado (fig. 1), que provava o valor das letras ISh-O e M-RªH e Th-S-A, sendo que da letra Y ou da sonância básica repercutida sobre os *ii, ys, sii, cy, ti, thi, tsi* é que partia todo movimento, *emissivo* e *remissivo*, para a formação dos termos científicos, litúrgicos, sagrados.

E essa sonância, *essa raiz sonométrica* e cronométrica, era a base para um "Makrôn", isto é, uma encantação mágica do mantra divino do Princípio Indivisível (Deus) e era, como dissemos, a raiz silábica, sonométrica, que fazia parte daqueles *três conjuntos de letras.*

O Y-Sh-O que na raiz sonométrica, ou pelo módulo verdadeiro, vinha a ser *tysiio,* ou *ysiiu, yciiu* ou *ysio, ycio* ou mesmo *zciiu,* se pronunciava no adâmico, védico, sânscrito e outras línguas Yesu, que gerou o Yeshua, e o nosso JESUS, e ainda o EVE + Y, que gerou, por sua vez, o Yehovah bíblico; o M-R-H Vinha a ser pronunciado *maraham* ou *marayahôm* ou, ainda, *maryhôm* ou *maryam* no adâmico, védico, sânscrito, etc., veio a ser o *Myriam,* ou MARIA; e o TH-S-A (ou ASTH), que na raiz sonométrica original, ou pelas regras do módulo verdadeiro, *era o mesmo têsyio, tysiiu, tyciio, tisil ou tsil, isto é,* os mesmos sons *onomatopaicos do terrícola do tempo de Sumé, que foi incutido e ensinado como expressando* Luz, Divindade Suprema e Cruz, e de onde

113

saiu a raiz sonométrica básica que deu formação e valor teogônico ao vocábulo TUPÃ, ou TUPAN, pronunciava-se no adâmico, védico, sânscrito, e outros, AMATH, que encerra por metátese — conforme já transcrevemos de Leterre — o ATh-A, a alma das almas; A-Th Ma, a Existência infinita da Essência Absoluta; Th-Ma, o Milagre da Vida, etc., e Ma-Th-A, a Razão Suprema de todas as Razões.

Assim, rematemos agora para dizer por que se deu essa inversão Du essa transposição de letras.

Já dissemos que Krisna pontificava há 3600 a.C. na Índia, e que sofreu o impacto daquele cruento Cisma de Yrshu. Ele foi pressionado pela política religiosa e teve que concordar nessa transposição de valores, surgindo disso a *inversão de todo o sistema Dórico*, pela substituição desses termos Y-Sh-O e M-R-H, pelos de B-R-M e Sh-Y-Va, imposto pelo Ionismo, com o Ba-Ra-Ma Sh-I-Va, isto é, a concepção decorrente fundamentada no Brama-Shiva.

Daí a origem do Bramanismo, de onde nasceu, por sua vez, o Abraamismo, religião caudatária da de Rama, Abraão, Moisés, Maomé, etc.

Dividida, portanto, a antiga síntese Divina, Krisna fez notar que, da bipartição concepcional sobre o Princípio Individual, surgiria função ou valor decorrente do Brama-Shiva; daí veio o termo V-Y-Sh-N ou *Vishnu*, e consequentemente uma nova *trilogia sagrada*: o Brama-Vishnu-Shiva, que veio atravessando tudo, até dar nas três pessoas da *Santíssima Trindade* da Igreja Apostólica Romana — o Pai, o Filho e o Espírito Santo.

E aí está, caro leitor, em síntese, como se lança mão de fatores lógicos, religiosos, científicos e históricos para se provar a ancestralidade, também histórica e científica, de nosso TUPAN e da *Tayabaé-caaá*, a Sabedoria dos velhos *payés* e as razões por que o Brasil é o berço da Luz Iniciática, Pátria Vibrada pelo Signo Cosmogônico da Hierarquia Crística, Guardiã dos Sagrados Mistérios da Cruz.

Bem, leitor. Parece que, assim, estamos encerrando o assunto. Temos agora de comprovar nossa coerência, pelos fundamentos originais dessa *Doutrina secreta da Umbanda*, principalmente com o que já está *dito, escrito e provado* em nossa obra *Umbanda de todos nós*, através do *alfabeto adâmico*, citado por nós como o primitivo da humanidade, em concordância com seu descobridor, Saynt-Yves, *Archeometre*, pela conveniência de assim ter *revelado* naquela ocasião e mesmo porque em nada altera os novos fatores já acrescentados e os que vamos adicionar ainda; pelo contrário, os fundamentos de *Umbanda de todos nós*, relacionados diretamente com a Ciência do Verbo, pelo dito alfabeto adâmico, sobre o vocábulo *Umbanda* — trino, litúrgico, sagrado, vibrado, mágico, cabalístico — a par com os mesmos fatores sobre os *termos* que identificam os *Sete Orixás*, nós o fizemos dentro de *uma primeira chave*, isto é, naquele *ponto* que pretendíamos ser mais assimiláveis, isso há 17 anos.

Agora, vamos aprofundá-los mais ainda; vamos fazê-los remontar à sua *origem real*, a sua *ancestralidade pré-histórica.* Mais atenção, portanto, a síntese profunda dos "Sagrados Mistérios da Cruz".

Vamos transcrever esses fatores concepcionais, teogônicos, cien- tíficos e metafísicos e levá-los, *desse ponto*, dentro de uma *segunda chave,* às suas origens reais. Mas, avivemos nossa coerência.

"Verdadeiramente, do Seio da Religião Original, isto é, desta Lei que se identificou como de UMBANDA, é que nascera todas as demais expressões religiosas, inclusive os cultos africanos do passado e os seus remanescentes, que foram e são chamados de 'candomblés'[29]."

"Revelam ainda que este vocábulo — UMBANDA — vem do 'alfabeto divino' existente nesse mesmo centro chamado Agartha que, como letras de fogo, esta destinada a despertar consciências."[30]

---

29 *Eis o que dissemos às págs. 17 e 19 da nossa obra* Umbanda de todos nós, *há 17 anos. Passemos então à transcrição seguinte, imprescindível às comprovações que vamos oferecer a mais.*
30 *Idem.*

ORIGEM REAL, CIENTÍFICA E HISTÓRICA DA PALAVRA UMBANDA

O alfabeto adâmico, ou Vatan, que originou todos os outros, tem sua própria base nas cinco (5) figuras geométricas fundamentais, ou seja: o PONTO, a LINHA, a CIRCUNFERÊNCIA, o TRIÂNGULO e o QUADRADO, que, em suas correspondências essenciais, formam e significam: ADAM-EVA-ADAMA ou Adão-Eva-Lei ou Regra, de acordo com os valores e a própria expressão fonética destas 5 figuras no dito alfabeto adâmico, que se pronunciam precisamente como se formam, da seguinte maneira, em linha horizontal (ou em linha vertical, lendo-se de baixo para cima, conforme era escrita a língua):

isto é, o mesmo que ADÃO — EVA — LEI ou REGRA, ou, ainda, por analogia, PAI MÃE FILHO, ou mais explicitamente: o Princípio Absoluto (ADÃO) que atuou na Natureza (EVA) gerando o Mundo da Forma (REGRA).

Estas citadas figuras fundamentais dão a base para a formação de TRÊS (3) CONJUNTOS GEOMÉTRICOS:

1º) ⟟ esta figuração geométrica é a correspondência fonética de AUM (ÔM) ou UM (que significa Deus, ou o Supremo Espírito) assim subdividida: ◯ (círculo) correspondente a U ou V no alfabeto adâmico; a ——— • (linha Singela), correspondente ao A simples e o • (ponto), correspondente ao M ou O no citado alfabeto;

2º) ——— • (linha), encerrada no círculo, servindo-lhe de diâmetro (que é a forma gráfica do B ou BA no adâmico ou no ariano), cuja correspondência é A ou AN ou B que significa originariamente — CONJUNTO — PRINCÍPIO — LIGAÇÃO;

3º) ——— < (linha Singela e ângulo), que corresponde a A e D ou ADAM ou ADÃ ou AD ou, por metástase, DA, que significa LEI no sentido de Lei Universal.

Formaremos, então, a seguinte figuração geométrica:

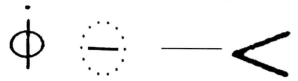

que é igual a DEUS — CONJUNTO — LEIS, ou seja, CONJUNTO DAS LEIS DE DEUS, ou ainda: ADAM-EVA-LEI.

Esta figuração é a representação MORFOLÓGICA e GEOMÉTRICA ORIGINAL DO VOCÁBULO UMBANDA, cujos sinais se aglutinam em sentido vertical ou horizontal e traduzem a forma real da palavra "perdida", UMBANDA, *de que a tradição e os iniciados falam, mas não dizem como "se perdeu", isto é, foram esquecidos sua grafia, origem e significado.* Assim, representamos melhor as suas correspondências fonéticas:

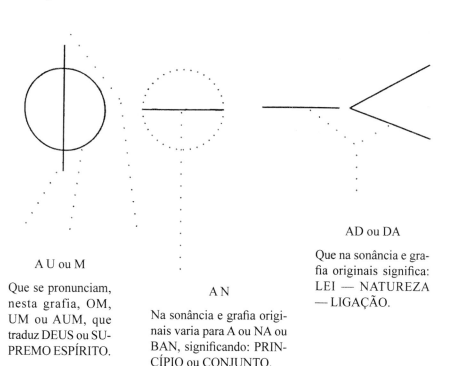

A U ou M

Que se pronunciam, nesta grafia, OM, UM ou AUM, que traduz DEUS ou SUPREMO ESPÍRITO.

A N

Na sonância e grafia originais varia para A ou NA ou BAN, significando: PRINCÍPIO ou CONJUNTO.

AD ou DA

Que na sonância e grafia originais significa: LEI — NATUREZA — LIGAÇÃO.

Umbanda

Estes caracteres são encontrados ainda no alfabeto ariano e nos sinais védicos (os bramas conservaram apenas a primeira representação gráfica, o AUM, que dizem ser a "palavra impronunciável" que invocam nos mistérios dos seus cânticos litúrgicos, sagrados) e SÃO EXATAMENTE como estão formados acima a mesma palavra UMBANDA na GRAFIA DOS ORIXÁS — Os Sinais Riscados da Lei de Pemba.

A verificação da eufonia destes caracteres pode ser feita também através do Archeometro, quer no próprio aparelho, quer na figura, bem como na própria lexiologia que é dada no livro.

Na Federação Espírita Brasileira deve existir um aparelho archeométrico doado por A. Leterre, onde os estudiosos e duvidosos poderão comprovar a veracidade de nossas asserções. Devemos desde já avisar a todos os leitores e pesquisadores que desejarem investigar este aparelho que o façam munidos de conhecimentos hermenêuticos, ou de alguém portador dos mesmos, pois assim procedemos quando procuramos averiguar esta Revelação, que originariamente nos foi feita pelo Astral Superior da Lei de Umbanda.

OBS.: O som original do "E" sempre existiu, desde sua oria gem, com sua própria representação gráfica. Esta, no vatan ou no ariano, mudava de posição de acordo com a vogal que lhe desse o som; era BA, ou BE, etc., quando a vogal dava sons labiais. Porém, quando a vogal que lhe desse o som formasse uma sílaba, ou fonema, nasal, era, de conformidade com a Lei do Verbo, representado numa esfera ponteada e assim traduzia exatamente o som de BAN.

Esta sonância constituía a ligação fonética da verdadeira pronúncia, representada pela junção de três sons em uma só palavra, que expressava, por si só, a própria Regra do Verbo (a forma de aglutinar estes sinais, sons ou fonemas, do termo Umbanda, era guardada hermeticamente e de uso exclusivo dos magos e sacerdotes primitivos. Dentro desta aglutinação, alinha singela e o triângulo se pronunciavam também como ADA ou DA).

Mais tarde, quando dos últimos cataclismos históricos e naturais, houve necessidade de transmitir este som às gerações vindouras, e, para isso, impôs-se nova criação gráfica que o representasse isoladamente, criação esta traduzida, mais tarde, pelo advento das línguas greco-latinas, para a grafia moderna, na letra que conhecermos como o "B".

Cremos, e nada nos contesta, que o maior depositário desses conhecimentos teria sido Jetro, sábio sacerdote de pura raça negra, sogro de Moisés, conhecedor profundo das quatro ciências hierárquicas[31], e onde o dito Moisés bebeu os conhecimentos mágicos e religiosos, inclusive o significado real dessa palavra UMBANDA, que mais tarde, na sua Gênese, traduziu por ADÃO — EVA — LEI, que nada mais são que os princípios fundamentais da própria Lei de Deus.

Antes de prosseguirmos em nossa dissertação, devemos mencionar também o "X" como letra oculta ou Hermética, de uso dos sábios e iniciados, cuja designação identificava, para eles, a Revelação da Verdade.

Temos assim que as quatro hierarquias das ciências originais eram representadas pelas QUATRO LETRAS DO NOME DE DEUS: IEVE (segundo a pronúncia, IEOA), ou seja, JEHOVAH, que, por sua vez, era representado pelo "X" algébrico, que constituía a VERDADE OCULTA.

Este SINAL era a CHAVE de identificação entre si de uma Lei (Carmânica) que ligava as Causas aos Efeitos entre as Sete Variantes da Unidade, ou seja, o chamado Setenário.

Vamos então demonstrar, com mais uma prova, o TRIGRAMA PERDIDO, que a LEI DE UMBANDA REVELOU dentro de suas SETE VIBRAÇOES, OU LINHAS, que se traduzem da seguinte forma:

---

31 *Segundo Ed. Schure* (Os grandes micrados), *esta hierarquia era assim Constituída:*
1º) A Ciência Teogônica, ou dos princípios absolutos, idêntica à Ciência dos Números, aplicada ao Universo ou às matemáticas sagradas.
2º) A Cosmogonia. realização dos princípios eternos no espaço e no tempo, ou envolvimento do espírito na matéria; períodos do mundo.
3º) A Psicologia, constituição do homem; evolução da alma através da cadeia das existências.
4º) A Física, ciência dos reinos da natureza terrestre e das suas propriedades. Estas ciências ainda traduzem:
1º) A Teurgia, arte suprema do mago, põe em relação consciente a alma com as diferentes classes de espíritos e pode agir sobre eles.
2º) A Genetlíaca Celeste ou Astrologia, arte de descobrir a relação entre os destinos dos povos ou dos indivíduos e os movimentos do Universo marcados belas revoluções dos astros.
3º) As Artes Psicúrgicas, situando-se pelas forças da alma; magia e adivinhação.
4º) Medicina especial, baseada no conhecimento das propriedades ocultas dos minerais, dos plantas e dos animais. Nesta incluia-se também a Alquimia.

O Y Y X O O Y, que é igual a O X Y, que ainda é o próprio PRINCÍPIO DO CÍRCULO CRUZADO.

Ora, todos os estudiosos sabem que nas antigas Academias de letras iniciais eram as que tinham correspondência mais direita nas figuras geométricas originais e davam a base para a composição dos termos litúrgicos e sagrados. Essas 7 letras ou caracteres são as primeiras nos termos que identificam as 7 linhas da Lei de Umbanda, que se reduzem a 3, por serem somente estas as diferentes entre si.

Assim, temos o "O" como Círculo, o "X" como Linhas Cruzadas (como a cruz deu a vibração principal na era cristã) e o "Y" como Triângulo aliado à Linha vertical, o que, por assimilação, ou seja, por transposição de sinais ou figuras representativas, deu a seguinte composição:

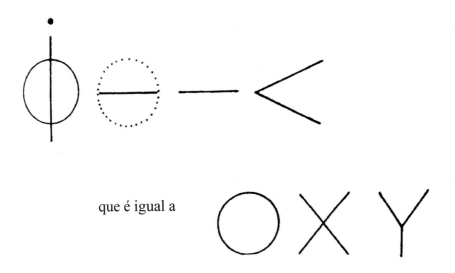

Temos assim, exatamente, as mesmas figuras que no diagrama original: um Círculo, três Linhas, um Ângulo e um Ponto.

Figuremos melhor, agora, a dita correspondência num simples esquema:

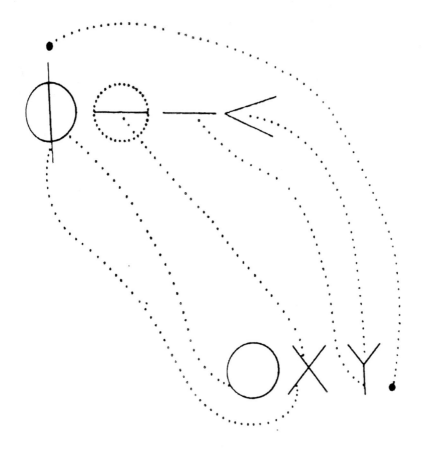

Devemos esclarecer mais ainda ao leitor que OXY são as três figuras, ou os três caracteres, ou LETRAS, que dão a BASE (como dissemos acima) para a formação dos termos litúrgicos, sagrados, vibrados, místicos, que identificam as SETE VIBRAÇÕES ORIGINAIS ou as SETE LINHAS em relação com os SETE ORIXÁS que chefiam cada uma das ditas Linhas.

Isso será bem compreendido no mapa nº 2 da Numerologia, que prova pelos números como se correlacionam na DIVINDADE[32].

Assim, verão também no mapa nº 1, do Princípio do Círculo Cruzado, como a Unidade se manifesta pelo Ternário e daí gera o Setenário, de acordo com o cruzamento do círculo[33].

---

32 *Esses mapas citados nessa transcrição constam da outra obra.*
33 *Idem.*

Devemos chamar a atenção dos estudiosos para o fato de que o mapa da Numerologia é inédito e o Princípio do Círculo Cruzado, apesar de haver aproximações na literatura do gênero, conforme o apresentamos, não é conhecido.

Tendo o leitor assim rememorado e naturalmente compreendido que desde remotas épocas, até nossos dias, são mesmo os signos que encerram e expressam a síntese religio-científica, ou seja, "o segredo dos Arcanos".

Fortaleçamos, então, esta compreensão pela pena de Ed. Schuré, quando diz: "Ninguém ignora que nos tempos pré-históricos não havia escrita vulgarizada. O seu uso vulgarizou-se apenas com a escrita fonética, ou arte de figurar por meio de letras o próprio som das palavras. A escrita hieroglífica, ou arte de representar as coisas por meio de quaisquer sinais, é, porém, tão velha como a civilização humana, tendo sempre sido, nestes tempos primitivos, privilégio do sacerdócio, considerada coisa sagrada, como função religiosa e, primitivamente, como inspiração divina".

Ora, como afirmamos que a Religião foi revelada ao homem e, com certeza, o foi primeiramente ao da raça vermelha[34] e desta, de alguma forma, chegou à raça negra, continuemos dando a palavra a Ed. Schuré:

"O continente austral, engolido pelo último grande dilúvio, foi o berço da raça vermelha primitiva de que os índios da América não são senão os restos procedentes de trogloditas, que, ao afundar do seu continente, se refugiaram nos cumes das montanhas. A África é a mãe da raça negra, denominada etiópica, pelos gregos. A Ásia deu à luz a raça amarela, que se mantém com os chineses. A última a aparecer, a raça branca, saiu das florestas da Europa, dentre as tempestades do Atlântico e os sorrisos do Mediterrâneo.

Todas as variedades humanas resultam de misturas de combinações, de degenerescências ou de seleções destas quatro grandes raças. A vermelha e a negra reinaram sucessivamente, nos ciclos anteriores, por poderosas civilizações, cujos traços ainda hoje se descobrem em construções ciclópicas, como as da arquitetura do México. Os templos da Índia e do Egito encerravam acerca dessas civilizações desaparecidas

---

34 *Verificar o que diz o Postulado que trata da origem do "sexo" dos Espíritos, nos quatro padrões raciais ou genéticos.*

cifras e tradições restritas. No nosso ciclo, é a raça branca que domina e, se se medir a antiguidade provável da Índia e do Egito, far-se-á remontar há sete ou oito mil anos a sua preponderância.

A raça vermelha, como já dissemos, ocupava o continente austral, hoje submergido, chamado Atlântida por Platão, segundo as tradições egípcias. Um grande cataclismo o destruiu em parte, dispersando-lhe os restos. Várias raças polinésias, assim como os índios da América do Norte e os astecas, que Francisco Pizarro encontrou no México, são os sobreviventes da antiga raça vermelha, cuja civilização, para sempre perdida, teve seus dias de glória e esplendor material. Todos esses retardatários trazem na alma a melancolia incurável das velhas raças que se consomem sem esperança.

Empós a raça vermelha, É A NEGRA QUE DOMINA o GLOBO[35]. É necessário procurar o seu tipo superior não no negro degenerado, mas no abissínio e no núbio, nos quais se conserva o caráter dessa raça chegada ao seu apogeu. Os negros invadiram o sul da Europa em tempos pré-históricos, tendo sido dali repelidos pelos brancos. A sua recordação apagou-se completamente em nossas tradições populares, deixando, todavia, nelas duas impressões indeléveis: o horror ao dragão, que constituiu o emblema dos seus reis, e a ideia de que o diabo é negro. Por seu turno, os negros devolveram o insulto à raça sua rival, fazendo o seu diabo branco. Nos tempos longínquos da sua soberania, os negros possuíam centros religiosos no Alto Egito e na Índia. As suas povoações ciclópicas ameaçavam as montanhas da África, do Cáucaso e da Ásia Central. A sua organização social consistia numa teocracia absoluta. No vértice, sacerdotes temidos como deuses; na base, tribos irrequietas, sem família reconhecida, as mulheres escravas. Esses sacerdotes possuíam conhecimentos profundos, o princípio da unidade divina do universo e o culto dos astros que, sob o nome de SABEÍSMO, se infiltrou nos povos brancos[36]: "Entre as ciências dos sacerdotes negros e o fetichismo grosseiro dos povos não existia, porém, ponto intermediário, de arte idealista, de mitologia sugestiva"[37].

---

35 *O tipo em maiúsculas é nosso.*
36 *Ver, segundo Ed. Schuré, os historiadores árabes, assim como Abul Ghazi,* História genealógica dos tártaros *e Mohamed Moshez, historiador dos persas, Wiliam Jones,* Asiatic rescarches I. *Discurso sobre os Tártaros, e o Persas.*
37 *Ver* Os grandes iniciados, *de Ed. Schuré, págs. 42-43.*

Estudos e pesquisas de outros escritores também abalizados os induziram a semelhantes conclusões sobre o poderio e a civilização da antiga raça negra, quando reconhecem que os seus sacerdotes possuíram uma ciência e conhecimentos profundos, que, dentro da própria tradição iniciática da raça, foram-se apagando, de geração em geração, restando apenas, mesmo entre os remanescentes desse sacerdócio, pálidos reflexos daqueles Princípios que, por certo, ficaram soterrados na poeira dos seus primitivos tempos religiosos do Alto Egito e da lendária Índia.

Esta tradição, que era transmitida por via oral, tinha que sofrer grande transformação ou malversação, por força das circunstâncias, que fez de seus depositários, de senhores de um ciclo, escravos em outro.

Bem, nós não estamos querendo "encher" este livrinho com uma série de transcrições, porém isso que estamos fazendo é necessário para a perfeita assimilação do leitor. Assim, vamos, ainda, ressaltar a identificação nominal das Sete Vibrações Originais que irradiam e ordenam os Sete Orixás de cada Linha da Leide Umbanda, pelos caracteres gráficos e respectivas sonâncias, no dito alfabeto adâmico, porque, para maiores detalhes, é só ver o outro livro, de onde foram extraídos. Ei-las:

1 — VIBRAÇÃO DE ORIXALÁ (ou OXALÁ)

2 — VIBRAÇÃO DE YEMANJÁ

3 — VIBRAÇÃO DE XANGÓ

4 — VIBRAÇÃO DE OGUM

5 — VIBRAÇÃO DE OXÓSSI

6 — VIBRAÇÃO DE YORI

7 — VIBRAÇÁO DE YORIMÁ

Eis, portanto, a PROVA, nestes caracteres, obedecendo à posição horizontal, para melhor assimilação, pois que a Academia Adâmica os escrevia de baixo para cima, e em sentido vertical[38]:

---

38 *Na raça branca, ou setentrional, a escrita começou a ser feita da esquerda para a direita, assim que ela adotou sinais próprios, pelo despertar da consciência, orgulho de raça, etc. (Ver* Os grandes iniciados, *de Ed. Schuré).*

1º) GRAFIA DE ORIXALÁ (ou OXALÁ)

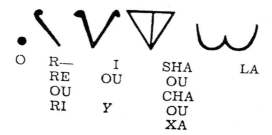

Que exprime na própria sonância a palavra ORIXALÁ, ou ORIS--HALÁ, que os africanos pronunciavam sensivelmente igual e dos quais colhermos a fonética, adaptando-a aos nossos caracteres gráficos.

A correspondência em sonância e sinais dos Orixás (os sinais riscados, secretos, mágicos da Lei de Umbanda) é:

que é igual, na sonância, à ORIXALÁ.

2º) GRAFIA DE YEMANJÁ:

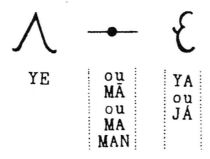

que exprime na própria sonância a palavra YEMANJÁ e que corresponde, na grafia dos Orixás, a:

que é igual, na sonância, à mesma de YEMANJÁ.

3º) GRAFIA DE XANGÔ:

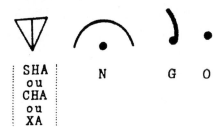

que exprime na própria sonância a palavra XANGÔ, ou CHAMGÔ, ou CHANGÔ, ou SHANGÔ, e que corresponde, na grafia dos Orixás, a:

que é igual, na sonância, à mesma de XANGÔ.

4º) GRAFIA DE OGUM:

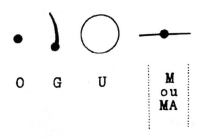

que exprime na própria sonância a palavra OGUM e que corresponde, na grafia dos Orixás, a:

que é igual, na sonância, à mesma de OGUM.

5º) GRAFIA DE OXÓSSI:

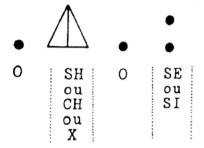

que exprime na própria sonância a palavra OSHOSE, ou OCHOSI, ou OXOSI, e que corresponde, na grafia dos Orixás, a:

que é igual, na sonância, à mesma de OXOSI.

6º) GRAFIA DE YORY:

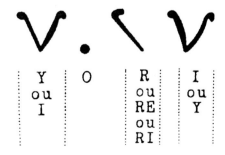

que exprime na própria sonância a palavra YORY e que corresponde, na grafia dos Orixás, a:

que é igual, na sonância, à mesma de YORY.

7º) VIBRAÇÃO DE YORIMÁ:

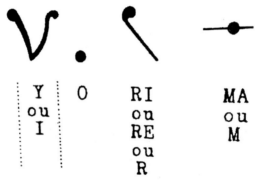

que exprime na própria sonância a palavra YORIMÁ e que corresponde, na grafia dos Orixás, a:

que é igual, na sonância, à mesma de YORIMÁ.

OBSERVAÇÃO IMPORTANTE

Os termos ORIXALÁ, YEMANJÁ, XANGÓ, OGUM e OXÓSSI[39] foram implantados no Brasil pelos africanos, segundo a sua FONETICA, e nós, então, lhes demos as características gráficas de nosso idioma, ou seja, os da língua portuguesa.

Tanto isso é verdade que estes termos estão dicionarizados como "brasileirismos", expressando tão somente os significados religiosos que os povos de raça negra lhes emprestaram através de seus cultos.

No entanto, nem como "brasileirismos", no sentido intrínseco que dão a este substantivo, podemos considerá-los, pois, segundo os próprios léxicos, "brasileirismo" (abreviação "Bras.") traduz: locução própria do brasileiro; modismo próprio do linguajar dos brasileiros; (Bras.): caráter distintivo do brasileiro e do Brasil; sentimento de amor ao Brasil, brasilidade[40].

Também não temos conhecimento de qualquer enciclopédia, dicionário ou gramática de língua africana onde se possa comprovar a etimologia destes termos como pertencentes originariamente à raça negra.

Podemos afirmar que, através dos séculos, esta raça conservou apenas a fonética dos citados vocábulos, transmitidos de pais a filhos por tradição oral.

Não nos consta, outrossim, a existência de quaisquer documentos compilados pelos negros em sua própria linguagem ou expressões gráficas, ou seja, nas centenas de idiomas e dialetos falados pelos povos da África.

Como acaba de ver, leitor, pelos fatores lógicos, linguísticos, ideográficos, científicos, metafísicos, religiosos e geométricos fundamentais, tudo vai se prender, ligar, filiar, ou melhor, cimentar-se numa base trina (a partir, principalmente, da grafia do vocábulo Umbanda,

---

39 *Estes dois termos YORY e YORIMÁ, que identificam espíritas em "forma" de crianças e pretos-velhos, foram revelados, pois com eles estão completas as "7 Palavras da Lei", expressões do próprio Verbo.*

40 *Ver* Pequeno dicionário brasileiro da Língua Portuguesa.

essencialmente composto de *três* figuras geométricas: círculo, linhas e triângulo ou ângulo, assim:

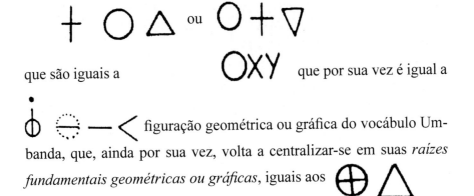

que são iguais a ... que por sua vez é igual a ... figuração geométrica ou gráfica do vocábulo Umbanda, que, ainda por sua vez, volta a centralizar-se em suas *raízes fundamentais geométricas ou gráficas*, iguais aos ...

da Escrita Pré-histórica do Brasil — *que são duas figurações numa tríplice expressão do vocábulo TUPAN*, com todos os seus valores mnemônicos, ideográficos, onomatopaicos, teogônicos, cabalísticos, etc., essencialmente ligados a Divindade Suprema, pois são *signos divinos*, cosmogônicos, os quais não precisam de maiores detalhes aqui, visto o leitor apenas se dispor a reler, analisando os nossos *Quadros mnemômicos* numerados, nas páginas anteriores.

Todavia, vamos à *regra da coerência*, assim traduzindo:

† Tsil = Luz = Divindade, encerrada no círculo que é Mu = Abismo do Espaço, o Infinito do Céu — nessa figuração, expressando manifestação total da Divindade; é, portanto, *tsil* em *ti*, contraindo-se em *mu*, formando TU, que associada à *rá, rá, rão, ran, pan*, sons onomatopaicos do *trovão* (raio, relâmpago), ligados a fogo, clarão, no sentido de outra manifestação intensa da natureza da Divindade: assim temos TU e PAN ligados = TUPAN (NOTA: O ponto é a extremidade de uma linha, ou a interseção de duas linhas. Consta diretamente na 1ª figuração do vocábulo Umbanda e também consta, indiretamente, na 1ª, figuração que expressa o vocábulo Tupan, como *o centro, o ponto*, das duas linhas cruzadas ou da CRUZ).

Consolidemos: A CRUZ ✝ Luz Divindade — Sagrado Mistério Martírio Sacrifício — Lei Regra.

Interpretação cabalística, metafísica. Expressão hierática: Mistério Sagrado da Cruz; Lei da Divindade; Regra da Manifestação da Divindade; Conjunto dos Mistérios; Lei Sagrada etc.

O ◯ = Espaço — Abismo do Céu — Natureza Infinita.

Interpretação cabalística, metafísica. Expressão hierática: o Infinito da Natureza onde se manifesta a Divindade sobre os Elementos. Manifestação da Luz, do Fogo, das Águas pela Voz (o som) da Divindade. Basta, leitor? Não? Dissertemos mais sobre a coerência cabalística e científica ou geométrica. Provar é comprovar.

A Geometria é uma ciência divina. Tem seus elementos fundamentados na Cosmogonia e na Cosmologia, ou seja, no próprio processo da criação do Universo-Astral pela Deidade.

Portanto, a Geometria como ciência humana, *decorrente*, foi ideografada e estruturada de um *Signário Divino*, cosmogônico, teogônico, sagrado, mágico, cabalístico, composto dos *três signos — a cruz, o triângulo e o círculo* — que geraram ou foram desdobrados nas suas cinco figurações básicas, como sejam:

Então a geometria propriamente dita, como um sistema científico, humano, é posterior, estruturado, baseado no *signário pré-histórico Divino*.

E tanto é uma ciência de origem divina, que seus fatores cabalísticos a conforme — revela o Arcano Maior — vão-se unir à própria matemática quantitativa e qualitativa *celeste* (mecânica e dinâmica cósmica); basta ressaltarmos simplesmente que essas cinco formas, ou figurações, básicas estão na *simetria essencial* de todos os organismos, inclusive nas 3 divisões simples do corpo humano — cabeça, tronco e membros — e ainda nas 5 extremidades dele, 2 pernas, 2 braços, 1 cabeça e ainda nas extremidades de cada membro, pelos 5 dedos de cada um, e nos 5 movimentos simples e conjugados deles, ao andarmos, em sintonia com a própria lei de gravidade.

Não nos vamos alongar em dissertações ou estudos analógicos sem fim; basta que o leitor se vá lembrando de tudo o que já vem lendo, relacionado com círculo, triângulo, cruz, etc., para verificar que esses signos divinos foram perpetuados, quer no conceito miss tico, metafísico, cabalístico, mágico, teogônico, sagrado, quer no conceito estritamente científico ou linguístico, sonométrico, etc., que se ligam ao que, agora, acabamos de ressaltar.

Mas ainda temos de levá-lo a outra comprovação importante, leitor amigo e paciente: essa figuração cabalística não tem princípio nem fim; sua origem perde-se na estrutura íntima da natureza ou da substância.

Vejamos, apenas, o sentido oculto, mágico e metafísico perpetuadg até os dias atuais, com a mesma força de expressão e uso, por dentro de tudo quanto seja Escola Iniciática, Esotérica e até Religiosa.

Já dizia Agripa (pela voz de Maxwell, *La Magie*, Paris, 1922) que: "as figuras geométricas são regidas por números; o círculo representa a unidade e a unidade representa o infinito. A circunferência é uma linha que não tem fim. É, portanto, a imagem do infinito".

As antigas academias, os "chamados Colégios de Deus", a Tradição e a *Kabala* consolidaram, sintetizaram e expressaram os *mistérios dos arcanos,* "dividindo" metafisicamente o círculo em 12 partes (coerência ou analogia com os 5 sinais geométricos, ou as 5 extremidades do corpo humano já citadas e as 7 cavidades ou aberturas da cabeça, assim $5 + 7 = 12 = 3 = 1$)[41] compreendidos como Signos Zodiacais, em correspondência sonométrica e ideográfica com as 12 vogais simples e duplas do alfabeto vatânico ou da *Kabala* (filiada ao planisfério-astrológico de Rama, em cima do qual o alfabeto adâmico foi *trabalhado*) para uso mágico dos mantras, entre os antigos sacerdotes bramânicos. Ei-las:

---

41 *E ainda: os 5* Tatwas, *as 5 Linhas de Força, as 7Notas Musicais as 7 Cores os 7 Orixás* ou as 7 Vibrações Originais etc.

Note o leitor que o 3º círculo, o do centro, é a grafia exata de um dos principais signos da "Escrita Pré-histórica do Brasil" e ligado diretamente em grafia, sonância e concepção a divindade Tupã, Senhor do abismo do céu ou do espaço infinito. Era dessa raiz sonométrica ou sonância central que partia o som dos mantras.

Através de toda a literatura de ocultismo e esoterismo sintetizaram assim: "o círculo representa o Ser Onipotente; o triângulo que se encerra nele é o Verbo Solar; o quadrado corresponde aos quatro elementos: fogo, terra, ar, água; o número sete simboliza os sete deuses planetários e o número doze, as Hierarquias" (Gabriel Trarieux, *Ce qu'il faut connaitre de l'occultisme*, 1930).

Ora leitor, se formos estendendo maiores detalhes de expressão e relação, é um nunca acabar. Mas vejamos ainda o seguinte, sobre o triângulo (porque sobre a cruz e o círculo você já tem fartura de detalhes), na palavra do mestre-iniciado, o filósofo Platão: "Estes quatro corpos (fogo, água, terra e ar) nascem dos triângulos, retângulos, isósceles e escalenos. São esses triângulos a origem das moléculas de todos os corpos. Quanto ao principio desses triângulos, só Deus, que está acima de nós, e, entre os homens, aqueles que são amigos de Deus o conhecem. A molécula do gênero terra tem a forma de cubo, porque dos quatro corpos ela é a mais móvel (cada face de um cubo é formada de dois triângulos isósceles). A molécula do gênero fogo é a mais leve das dos quatro elementos, teria a forma do menor e do mais agudo de todos os sólidos que se pode constituir com um triângulo, por consequência a de pirâmide triangular. A molécula do gênero água e a do gênero ar teriam a forma, a primeira de um octaedro, a segunda do icosaedro (esses dois, sólidos geométricos regulares), gozando de propriedades intermediárias" (*La physique et la mecanique chez les grecs*, M. Rochas, Paris).

E, finalmente: o triângulo sempre representou uma trilogia, uma tríade, daí a sua divinização e manifestação magica, cabalística, porque nele está expressa a manifestação tríplice do Universo — tipo: Mundo

Vital ou Mental; Mundo Astral (formas astrais); Mundo Físico (formas densas dos organismos), etc.

Eis, assim, onde estão centralizados (ou seja, de onde vêm) o Mistério, a Força Mágica, Mantrâmica, Espirítica, Espiritual, Sagrada, Cabalística, Científica, Metafísica, Histórica, Pré-histórica, Ancestral, Religiosa, Doutrinária, da Corrente Astral de Umbanda — chamada Leide Umbanda, ou seja: Conjunto das Leis de Deus, Tupã ou Zâmbi.

E se ainda não adicionamos mais detalhes ou mais fatores é porque não temos ordem para isso, mesmo porque essa *Doutrina Secreta da Umbanda* acabaria sendo "tabu-mental", ao alcance somente de uma reduzida minoria,

Nessa altura ou nesse final, em que acabamos de definir ângulos tão profundos e transcendentais de nossa Doutrina, que não é *africana* nem *francesa*, é brasileiríssima, não podemos deixar de ressaltar o orgulho, a vaidade, a arrogância, a ignorância e o preconceito existentes no meio kardecista (com honrosas exceções), que vive a condenar publicamente a Umbanda, confundindo, como sempre o fizeram, por ignorância mesmo, a existência e a manifestação dessa Sagrada Corrente Astral de Umbanda, através de seus legítimos Guias e Protetores — esses caboclos, pretos-velhos, etc. — com essa outra *manifestação das humanas criaturas*, que formam o imenso rebanho dos simples de espírito, ignorantes justamente por assim serem, que Vêm praticando os chamados cultos afro-brasileiros como a *Umbanda que entendem e desejam*, ou seja, pela trilha que lhes aponta o caminho certo.

Esses Mentores da Cúpula Kardecista estão tão arraigados às diretrizes "científicas" de sua doutrina — codificada por um francês — que caíram na cegueira espiritual, no fanatismo dogmático dos conceitos, a ponto de só entenderem as "regras de sua cartilha", que não conseguem sair daquele ABC arcaico, superado, esquecidos, ou obnubilados, de que o alfabeto da Verdade tem sequência, tem outras letras, tem outros ângulos, outras realidades mais profundas. Veja o próprio leitor a prova desse orgulho, dessa arrogância, desse preconceito, no artigo que a seguir transcrevemos, publicado no jornal O Dia de 16/17 de outubro de 1966, por conta dessa tal "Direção da Liga Espírita do Estado da Guanabara".

"DOUTRINA ESPÍRITA"

ESCLARECENDO DÚVIDAS

Lamentavelmente há ainda, mesmo nos meios mais inteligentes, muita confusão a respeito do Espiritismo, que convém sempre sanear, mormente quando se pretende inculcar, como Espiritismo, todo e qualquer fenômeno psíquico, esquecidos de que, como bem observa Deolindo Amorim em seus escritos: "Allan Kardec não se prendeu ao fenômeno puro e simples: procurou a causa, as leis, o sentido de correlação, e, com isto, passou à esfera filosófica".

A lamentável e proposital confusão, tão de acordo com os adversários da doutrina, não pode nem deve prosperar. O Espiritismo codificado por Allan Kardec não merece ser tão maltratado assim, a ponto de equipará-lo "a qualquer fenômeno mediúnico", embora sem doutrina espírita, sem estudo, sem discernimento.

Bem haja que contra tão singular maneira de conceituar o espiritismo se levantasse, como se levantou, o Conselho Federativo Nacional em sua reunião de 5 de março deste ano, que resolveu aprovar, por unanimidade, a seguinte proposta apresentada pelo conselheiro Aurino Souto, presidente da Liga Espírita do Estado da Guanabara, que confirma a deliberação tomada pelo C.F.N., em sua reunião de maio de 1953, expressa no final do trabalho "Esclarecendo Dúvidas", então aprovado:

"O fenômeno psíquico pode surgir em qualquer meio religioso ou irreligioso e seu aparecimento pode conduzir a criatura ao Espiritismo, mas a consolidação da crença, o conhecimento das leis que presidem os destinos do homem e a perfeita assimilação da Doutrina Espírita só se conseguem através do estudo das obras de Allan Kardec e das que lhe são subsidiárias."

Doutrina religiosa, sem dogmas propriamente ditos, sem liturgia, sem símbolos, sem sacerdócio organizado, ao contrário de quase todas as demais religiões, não adota em suas reuniões e em suas práticas:

a) paramentos ou quaisquer vestes especiais;

b) vinho ou qualquer bebida alcoólica;

c) incenso, mirra, fumo ou substâncias outras que produzam fumaça;

d) altares, imagens, andores, velas e quaisquer objetos materiais, como auxiliares de atração do público;

e) hinos ou cantos em línguas mortas ou extintas, só os admitindo, na língua do País, exclusivamente em reuniões festivas realizadas pela infância e pela juventude e em sessões ditas de efeitos físicos;

f) danças, procissões e atos análogos;

g) atender a interesses materiais terra-a-terra, rasteiros ou mundanos;

h) pagamento por toda e qualquer graça conseguida para o próximo;

i) talismãs, amuletos, orações miraculosas, bentinhos, escapulários ou qualquer objeto e coisas semelhantes;

j) administração de sacramentos, concessão de indulgências, distribuição de títulos nobiliárquicos;

k) confeccionar horóscopos, executar a cartomancia a quiromancia, a astromancia e outras "mancias";

l) rituais e encenações extravagantes de modo a impressionar o público;

m) termos exóticos ou heteróclitos para a designação de seres e coisas;

n) fazer promessas e despachos, riscos, cruzes e pontos, praticar, enfim, a longa série de atos materiais oriundos de velhas e primitivas concepções religiosas.

"Os homens, quando se houverem despojado do egoísmo que os domina, viverão como irmãos, sem se fazerem mal algum, auxiliando-se reciprocamente, impelidos pelo sentimento mútuo de solidariedade" (Allan Kardec, *O livro dos espíritos,* página 406, nº 916).

Entendeu, leitor, como se julgam os donos da sabedoria e da Doutrina? Veja bem o que pregam nesse "Esclarecendo Dúvidas".

Eis aí, portanto, as provas desse preconceito, dessa cegueira, pois logo abaixo inseriram um conselho do próprio Allan Kardec, condenando o egoismo e a falta de fraternidade.

A quase maioria desse meio kardecista revela uma ignorância total sobre essa nossa Corrente Astral de Umbanda e, conforme já o dissemos, confundem com a maioria das práticas e do atraso mental que essa mesma Corrente veio escoimar, incrementando a evolução desses irmãos em Cristo-Jesus, pois, segundo a própria doutrina de Kardec, "todos somos irmãos, filhos de um mesmo pai", isto 6, irmãos que precisam ser amparados, guiados, esclarecidos. Confundem "alhos com bugalhos".

E isso por quê? Porque estão cegos pelo fanatismo e pelo palavrório empeado e vazio, eternos marteladores dos mesmos chavões doutrinários — "nós, os espíritas esclarecidos, nós os trabalhadores da seara do pai", etc. — desconhecedores desse real Movimento Novo, de Luz, que é a Umbanda de fato e de direito e que eles chamam de "africanismo", esquecidos de que nessa mesma Umbanda e nesse mesmo "africanismo" ninguém ensina a concepção sobre *um deus-máquina, que fabrica peças espiríticas*" imperfeitas, para que essas mesmas peças se transformem em *pequeninas máquinas* de perfeição, por si próprias.

Amém, irmãos kardecistas! Nós temos visto centros espíritas que são verdadeiros "centros" de ignorância, fanatismo e deturpação do que há de melhor e mais certo na Doutrina de Kardec.

No meio umbandista é comum rirem às gargalhadas de certas "coisinhas" que acontecem nas sessões kardecistas, por exemplo: ninguém contém a hilaridade quando se comentam casos de discussões ridículas, patéticas e infantis entre o "ilustre doutrinador" e a "manifestação neuroanímica" dos "médiuns", a ponto de dar até em "briga" ou grossa discussão, como no caso daquele "doutrinador" que, exasperado, e numa santa indignação, partiu "feroz" para cima "do animismo" de um pobre "médium", a fim de "tirar o obsessor a muque". Irmãos kardecistas! Se quiséssemos e se fosse esse o nosso objetivo, poderíamos até escrever um livrinho demonstrando como vocês navegam e engolem "águas mais turvas" do que nós, por cá.

*

Literatura especializada e autorizada de que nos servimos para comprovar nossas "revelações" ou os fatores lógicos, históricos, religiosos, científicos, espiríticos, filosóficos e metafísicos desses 1º e 2º Capítulos.

A pequena síntese, A. C. Ramalho.

O átomo, Fritz Kant.

Biosofia, P. D. de Morais.

O livro dos espíritos, A. Kardec.

O enigma da Atlântida, Cel. A. Braghine.

A escrita pré-histórica do Brasil, Alfredo Brandão, 1937.

Curso tapy antigo, Basílio de Magalhães.

O tapy na geografia nacional, T. Sampaio.

Vocabulário nheengatu, Afonso A. de Freitas.

O selvagem, Gen. Couto de Magalhães, 1913.

Brasil pré-histórico, C. Pennafort, 1900.

Pré-história sul-americana, Dr. A. de Carvalho.

Brasil antigo, Jaguaribe.

Mistérios da pré-história americana, Domingos Magarinos, 1938.

Amerriqaa, Idem, 1939.

Muito antes de 1500, idem, 1940.

L'archeometre, Marquês Saynt-Yves de Alveydre.

La théogonie des patriarches, idem.

Les mystères de l'orient, Mereikowsky.

Histoire philosophyqae da genre hamain, Fabre D'Olivet.

Jesus e sua doutrina, A. Leterre, 1934.

Bíblia (a Gênese Mosaica, Êxodo, Apocalipse etc.).

E dezenas de outras, correlatas.

INSCRIÇÕES ESTUDADAS E COMPARADAS DO BRASIL PRÉ-HISTÓRICO E OUTRAS

Conjunto de Inscrições das Estampas de 1 a 9 e signos esparsos, em número de 80, de *A escrita pré-histórica do Brasil,* A. Brandão.

Inscrições rupestres do Brasil, Luciano Jacques de Moraes, 1924.

Estampas de Gravuras de 1 a 37 de M. Vogué (*Inscriptions sémitiques*).

Essas ditas inscrições petroglíficas de que nos servimos, extraídas desses quadros citados, foram encontradas e copiadas do original, em diversas regiões do Brasil, assim como: na ilha de Marajó — inscrições na cerâmica, louça, com 44 variações de sinais; margem do Amazonas; nas margens do Riachão e nos rochedos, em Viçosa, Alagoas; Rio Grande do Norte e Paraíba; nos sertões do Nordeste — conjunto dos mais valiosos — copiado pelo padre Telles de Menezes; certos caracteres na Gávea — Guanabara; inscrições de povoação abandonada no interior da Bahia, onde predominava o signo da cruz ligado a dezenas de sinais; e ainda em outras regiões que uma farta literatura especializada aponta e comenta, como essas que o engenheiro Flot, francês, e o naturalista Miguel dos Anjos recolheram, isto é, copiaram, em cavernas da Bahia e Minas, em número de 3.000, isso há mais de 40 anos.

CAPÍTULO 3

A UMBANDA ANCESTRAL

*Pré-histórica e da necessidade de sua adaptação ao sistema afri-
cano retardado, imperante, dito como dos cultos afro-brasileiros
— o Caminho Reto da Iniciação Umbandista — A Caridade pela
força do Poder Fazer o Bem nem que seja por vaidade — A Influência Lunar; chave-mestra para qualquer Operação Mágica,
Cabalística ou Mediúnica Fatores da Magia.*

Irmão leitor, em realidade essa nossa humanidade pouco evoluiu
pela senda moral-espiritual e religiosa, para não admitirmos diretamente
que *estacionou*.

Se você é lido, versado, na história da humanidade, das religiões,
da filosofia, verá que, em matéria de concepções, praticamente são as
mesmas do passado, com novas cores e nomes, no presente.

Enfim, o que os doutrinadores, reformadores e iniciados da Antiguidade concebiam, diziam e ensinavam no "círculo interno", aos
selecionados, as elites pensantes da religião, da filosofia e do esoterismo,
do presente, concebem, dizem, ensinam e escrevem para os de maior
adiantamento mental ou intelectual.

E toda religião sempre teve uma sub-religião e toda filosofia, uma
sub-filosofia. Essa, então, foi e tem sido a sub-regra, que vem pautando
e alimentando a massa, na trilha da evolução, através dos milênios.

Á massa cega, ignara, sempre foi dado a comer o "prato feito",
volumoso, grosseiro, como o mais adequado à sua "digestão mental",

enquanto as elites pensantes se alimentavam do "leite e do pão" que não sobrecarregam o estômago e não embrutecem o cérebro. Comparando assim, terra-a-terra, queremos dizer que estados de consciência, alcance mental e intelectual são graus diferenciados, distintos em cada criatura, que tendem a se adaptar, naturalmente, às coisas ou aos fatores que lhes são afins.

Estados de consciência são fatores da alma, que permanecem, mudam ou sobem, lentamente, os *degraus da escada* da "vida-evolutiva"; é uma escala que aponta os fatores consciencionais na balança dos méritos e dos deméritos, tudo bem *medido, pesado e cantada*.

Queira o leitor, naturalmente, não misturar a evolução moral-espiritual com o *processo material,* industrial, científico, etc. Uns são realidades da alma ou do espírito, inerentes, indestrutíveis, eternos e os outros são elementos perecíveis, que a inteligência vai alcançando, criando, produzindo, porém sempre largando, deixando, como aquele *lastro pesado* a que tanto se aferra, mas que não pode levar, quando volta matematicamente à sua "habitação permanente", o mundo astral.

E vamos convir mesmo, logicamente, friamente, que a evolução moral-espiritual dessa humanidade tem sido bem pouca, pelos milênios que vem arrastando desde que passou das cavernas aos arranha-céus, haja vista a terrível ambição da criatura, sua inesgotável sede de gozo material, pois, no pequeno prazo que lhe é dado de vida terrena (a criatura vive em média uns 60 anos e dorme uns 20; descontemos o período da infância, juventude ou puberdade para entrar na fase da vida em que começa a *querer mesmo*, digamos, lá pros seus 20 anos. Assim, o que resta, mesmo, de atividade consciente, produtiva, ambiciosa, são uns míseros 20 anos também), ela se agarra e se aferra mais na linha do egoísmo e enceta luta intensa, não somente para sobreviver, mas para alcançar o conforto e usufruir dos gozos materiais que a condição humana lhe pode oferecer, os quais são, via de regra, os mais visados.

A maioria das criaturas nasce e morre sem cogitar do porquê vieram e do porquê estão por aqui, nesse plano terráqueo. A maioria continua no primeiro degrau daquela escada em que outros estão mais para cima e por onde alguns estão subindo, ansiosos por chegar ao último degrau, para entrar no "caminho do infinito".

Portanto, leitor, você sabe perfeitamente que certos fatores regulam o estado concepcional de uma minoria e outros fatores regulam o estado concepcional de uma maioria, e por causa disso é que sempre existiram os ensinamentos *exotéricos* — aquilo que podia ser ensinado, adaptado, para *os de fora*, o povo, a massa, que são a sub-religião, a sub-filosolia, as sub-interpretações; eis o porquê real "do não atirais pérolas aos porcos", uma advertência atribuída ao próprio Jesus, e os ensinamentos esotéricos aquilo que somente se podia ensinar, discutir, analisar, para os *de dentro*, isto é, para os esclarecidos, espiritual, mental ou intelectualmente, poderem pautar sua conduta moral, consciente-mente, na Senda da Iniciação, que implica o entendimento superior pela sabedoria das coisas.

Então, irmão, agora estamos mais seguros de que vai entender muito bem nossa doutrina, quando definirmos para você dois aspectos reais e paralelos dessa mesma Umbanda: o que é a manifestação da Corrente Astral de Umbanda, através de seus Guias e Protetores, nossas ditas Falanges de caboclos, pretos-velhos, crianças, etc., *por dentro* dessa massa de crentes dos chamados cultos afro-brasileiros, *do que seja* a manifestação dessa massa humana através de seus estados de consciência, de alcance mental, arraigado ao fetichismo grosseiro, ainda presos aos cordéis do atavismo milenar, massa humana essa *apontada* como *umbandista* de um modo geral. Uma coisa é ver a luz solar e outra é ver a claridade lunar.

Leitor, existem milhares e milhares de Tendas, Cabanas, Centros, Terreiros e grupamentos familiares por esses Brasis afora, em quan-tidade superior à das Igrejas dos padres e à dos Templos ou Casas de Oração dos pastores da corrente Protestante.

E o número de crentes, simpatizantes e frequentadores, se fosse realmente computado, iria à casa dos milhões. A corrente de adeptos e frequentadores assíduos dos terreiros de Umbanda é bem maior, mesmo, do que a kardecista, e se formos levar na devida conta, é igual ou maior do que a dos católicos, pois 60% dos que se qualificam no censo como tal o fazem apenas por conveniência social ou por tradição de família, e frequentam os terreiros, e inúmeros deles são "médiuns", além de vez por outra irem à missa e casarem ou batizarem na igreja, por vaidade ou proforma social, porém fazem questão da posterior "confirmação na corrente de seu terreiro".

Isso não são cálculos sectários, é observação fria, serena, de quem milita há cerca de 50 anos em "terreiros" e analisou o movimento dos outros e do meio umbandista em geral.

Como poderia, então, vir essa massa, essa coletividade, assim, arrastando-se, alimentando-se de concepções mistas, confusas, de práticas esdrúxulas, em ritmos barulhentos, dentro de manifestações espiríticas e mágicas, *segundo a linha deixada pelo africanismo* e pela pajelança, que é outra prática degenerada das sub-raças indígenas, tudo imantado na alma dessas multidões e consolidado num sistema ritualístico de oferendas ideal às atrações do astral inferior, pela magia negra.

Então, o fator essencial que desejamos apontar é que essa imensa coletividade vinha *calcando* a sua mística e as suas práticas *muito mais por dentro da linha africanista* — o mesmo que dizer, taxativamente, das subcondições decorrentes da degeneração do culto africano puro (que nem puro, mesmo, chegou ao Brasil através dos escravos) e ainda sendo mais dilatadas e deturpadas, com as novas aquisições introduzidas ou assimiladas do culto dos santos católicos e da influência do Espiritismo.

Tudo isso assim vinha (e ainda vem, com menos intensidade), arrastando-se, gemendo, penando, gritando, pulando e dançando, quando a misericórdia divina houve por bem promover os meios de ir "apascentando essas ovelhas" do Grande Rebanho do Pai, e mesmo porque essa coletividade está limada ao carma da Raça, aos elos da Tradição e da corrente genuinamente ameríndia, que, no astral, é guardiã dos "sagrados mistérios da cruz", corrente essa "nascida, criada e vibrada" pelo Cruzeiro do Sul, o Signo Cosmogônico da Hierarquia Crística.

Havia que socorrer essas ovelhas, esse rebanho. Havia que incrementar a sua Evolução, preservando e reimplantando a Doutrina Una, a Lei, pois já estava sendo prevista a sua eclosão ou o seu crescimento desenfreado.

Foi quando aos guardiões da raça, do carma e da doutrina, àqueles misteriosos e antiquíssimos *payés* (pajés), o Governo Oculto do Mundo ordenou que agissem.

Daí é que nasceram as primeiras providências de ordem direta, especialmente através dos fatores mediúnicos, quando surgiram as primeiras manifestações dos *caboclos*, para depois *puxarem* a dos pretos-velhos e outros, visto ter *havido*, necessariamente, uma adaptação, mais pendente para o dito africanismo do que para o indígena. Sobre essa adaptação havida é que vamos tecer ligeiro comentário.

144

Ora, irmão leitor, se você for designado para consertar alguma coisa, algum objeto, tem que o fazer sobre a *coisa que encontrou*; tem que usar os elementos dela, aquilo que estava ou está fazendo parte dela.

Se você, para consertá-la, tiver que extirpar ou alijá-la de todos os elementos que a compõem ou estruturam, você não & consertou, fez outra coisa completamente nova; isso é possível, em se tratando de coisa natural, porém impossível a curto prazo, em se tratando de fatores estritamente ligados à alma, ao espírito, a concepção, ao psiquismo.

Esse o *porquê* da Corrente Astral de Umbanda ter ressurgido e se definido como tal há mais ou menos setenta anos, por dentro dos chamados cultos afro-brasileiros, aferrados ao Panteon dos deuses africanos, no *sentido direto* de sua mitologia, calcada nas concepções grosseiras e limitadas da massa, não podendo assim, a curto prazo, nem *destruir, queimar ou apagar* de seus psiquismos o dito sentido fetichista, atávico e concepcional, nem as práticas eu os ritos decorrentes disso tudo, nem tampouco *alimentá-los* tal e qual vinham processando.

O que restava fazer? O que foi feito: ressaltar lenta e seguramente o sentido oculto, interno ou esotérico, a fim de promover a *elucidação*, única via por onde se impulsiona uma consciência, uma alma, para o caminho certo, ou para a Senda da Sabedoria relativa aos fatores reais.

E eis ainda por que nos foi mandado inicialmente escrever a obra *Umbanda de todos nós*[42], livro lido e relido, de consulta, propagado por todo o Brasil e em algumas partes do estrangeiro, obra essa em que cuidamos, especialmente, de esclarecer o lado oculto, esotérico, ligado aos Orixás, isto é, tratando de consertar aquela coisa sem alijar os elementos de que se compunha.

Assim dissemos, não por vaidade, tanto é que preferimos viver isolados de movimentos de cúpulas, sem querermos ostentar um *droit de conquête* que outros já teriam trombeteado aos "quatro cantos do mundo" e sem aparecermos por onde dezenas e dezenas de convites nos chamam insistentemente.

Quando se alcança mesmo que seja um pequenino grau, está se definindo nele aquilo que já se deixou para trás e aquilo que não inte-

---

42 *Nessa altura (dia 8.11.1966), nossa editora nos fez cientes de que havia recebido uma solicitação da Seabury Western Theological Seminary da América do Norte para que lhe remetêssemos essa obra e* Umbanda e o poder da mediunidade. *Para quê, não o sabemos.*

ressa mais. Somos despidos das ambições mundanas, terrenas e mesmo intelectuais.

Na Corrente Astral de Umbanda identificamos a ancestralidade do Brasil e da sua original Religião, como a verdadeira Guardiã dos "Sagrados Mistérios da Cruz", ligada àquela mesma corrente de Altos Mentores Astrais, que expressa e relaciona a mesma *Tuyabaé-cuaá* a Sabedoria do Velho Sumé ou dos antiquíssimos *payés*.

Então, irmão iniciado, e facílimo entender que havia necessidade dessa adaptação àquele sistema africano retardado, imperante e já mesclado. Todavia, deve notar que 5 são as Vibrações de Caboclos, 1 de Preto-Velho e 1 de Criança. Portanto, a supremacia do núcleo vibratório genuinamente ameríndio ou indígena se impôs, pois a linha mestra saiu daqui, não veio de lá[43].

E é por isso, por causa desses fatores de relação e adaptação, que muitos escritores umbandistas insistem furiosamente na afirmação de que a Umbanda e de origem africana, como se na África houvesse existido alguma seita ou culto religioso dito de Umbanda, e que nesse

---

43 *Nós já provamos isso, exaustivamente, em obras anteriores. Não nos fundamentamos na corruptela de vocábulos, pois o leitor arguto, ao terminar a leitura desse livro, estará convencido de que corruptelas, inversões de valores, transposições, derivações, de termos litúrgicos, sagrados, foram uma constante na política religiosa dos povos, quando não eram esquecidos ou postergados, de acordo com as cisões ou conveniências, tão comuns após o Cisma de Írschu, no Oriente pois daí é que surgiu o advento das denominadas "ciências ocultas". O que encontramos na Bíblia e nos chamados Evangelhos? Uma série de interpolações, adaptações, erros e mais erros de interpretação e tradução. Portanto, quanto ao vocábulo Umbanda, fomos buscar seu conceito litúrgico, sagrado, vibrado, cabalístico e religioso em suas raízes ideográficas, gráficas ou alfabéticas, e sométricas, pelo exclusivo conceito surgido e fundamentado no Brasil e não na África. Haja vista que, no próprio sentido raso, histórico, foi uma fusão de degenerações ritualísticas e concepcionais. Porque Umbanda, mesmo, só surgiu e cimentou-se como religião brasileiríssima após a tomada de posse da Corrente genuinamente ameríndia ou de nossos "caboclos ou payés do astral", por dentro dessa citada fusão, em que essa corrente humana de adeptos vinha calcada e a "trancos e barrancas", pois esse fenômeno espirítico-astral não tem 400 anos, isto é, esse Movimento Novo, de reimplantação da nossa primitiva Corrente Religiosa, tem apenas uns 70 anos. Não há assim usurpação; há lógica, ciência e adaptação aos fatores da base, e não um "nacionalismo" que pretende arvorar a "bandeira fetichista, atávica, de nações ou povos com um atraso cármico de milênios". Não há preconceito religioso mas* não podemos aceitar nem engolir essa pílula a fricanista que nos querem impingir; se temos a nossa no original. E eis como eles mesmos nos ajudam a comprovar essa fusão, essa "alimentação de lendas e sublendas", nessas transcrições, sem que isso implique combate ou ofensa. Nosso caso é de tese, e não estritamente pessoal.

culto tenham acontecido manifestação mediúnica e domínio de *eguns do tipo caboclos*, como representantes de seus Orixás.

Não nos consta e nem consta em história secreta ou doutrina de povo algum que o elemento amerígino ou ameríndio seja originário da África, Índia, etc., e muito menos o legítimo caboclo ou indígena nosso, o brasileiríssimo tupinambá, tupi-guarani, tamoio, goitacás ou tupiniquim.

CABOCLO ARARIBOIA

Tomou-se já corriqueira a mistura dos ritos africano e ameríndio.

Na Guanabara, a Umbanda tem seu marco de fixação no dia 20 de janeiro de 1567, dia inclusive de São Sebastião. Portanto, nossa religião no Brasil tem cerca de 400 (quatrocentos) anos.

A Umbanda, meus caros, já existia no velho continente negro. O vocábulo é africano, ao contrário do que muitos querem afirmar. É absurda a tese de vários escritores, na tentativa de usurpar a palavra nitidamente africana, para em um nacionalismo sem pé nem cabeça torná-la de formação nossa.

Os terreiros tinham por hábito fazer suas grandes festas no dia de São Sebastião, sempre consagrado pelos umbandistas, desde a radicação da Umbanda em nosso País.

Mas, entremos no assunto de hoje.

Caboclo, meus irmãos, é um espírito evolutivo, pertencente aos antigos indígenas das tribos dos tamoios, tupiniquins, paranapuãs, goitacases e, enfim, a várias outras. O culto a ele pelos adeptos de nossa religião começou também no dia 20 de janeiro, quando das comemorações a São Sebastião e a Oxóssi.

Nos antigos carnavais (isto à guisa de ilustração e curiosidade) saíam cordões de africanos e caboclos. A cor dos caboclos era dada pela tinta extraída do "urucum", pequenina fruta avermelhada.

O caboclo, também adorador da natureza, tinha seu ritual próprio, cultuando as entidades, advindo daí a facilidade de ligação entre o ritual ameríndio e o africano.

Geralmente o médium de terreiro recebe um espírito de caboclo. Eis que tal espírito evolutivo encontra ambiente para cumprir a sua missão e galgar mais um degrau em sua evolução.

Na nossa religião e no nosso culto, ou seja, o OMOLOKÓ, quando baixava, o caboclo era batizado dentro do ritual, passando então a usar dois vocabulários: 0 do culto (por causa da *Kabala*), que o cassueto era obrigado a conhecer, e o de sua tribo, com seu nome original.

Meus amigos, tal entidade, quando vinha ao terreiro, cantava, pedindo licença para entrar e, concedida a licença, dava o seu nome de tribo, dizendo qual era sua missão. Totalmente diferente do que acontece em muitos terreiros, em que caboclos descem desacatando a todos. Quando o caboclo é de fato um caboclo, vem respeitando a coroa do dono da casa. Era hábito nos abaçás, onde se os cultuavam, rezar-se o terço no dia de São Sebastião.

Quando baixava, o *egum* apresentava seu grau hierárquico na tribo, bem como seus conhecimentos. Tinha a sua bebida própria, feita de coco ou mandioca fermentada, ou ainda de acordo com sua tribo de origem. Nos terreiros, usa-se, modernamente, uma bebida que é mistura de mel, marafo, folha de laranja ou saião.

Atualmente têm surgido cultos que não são os de nosso caboclo, porém de peles-vermelhas norte-americanos. São também caboclos, mas não brasileiros. Conhece-se pelo cocar.

Dia 22 de novembro é o dia de ARARIBOIA, o grande caboclo que, pelos seus atos de bravura e de lealdade, passou a ser um dos mais belos capítulos de nossa história. Seus exemplos são lições para nós.

Entretanto, poucos se lembram de homenageá-lo e à sua tribo, eles que, genuinamente brasileiros, também ajudaram a libertar o País do jugo estrangeiro.

Okê Caboclo.

Salve Arariboia.

Doutrinação martelada, contínua, do Presidente e Secretário da Confederação Espírita Umbandista, saída em *O Dia*, 20.11.1966. Transc. *ipsis literis*.

O *PADÉ* DE EXU

Eis uma lenda sobre o padê de Exu, recolhida por Roger Bastide, na Bahia:

"O rei do Congo tinha três filhos: Xangô, Ogum e Exu. Este último não era exatamente um mau rapaz, mas era retardado e, por isso mesmo, turbulento, brigão e lutador. Depois de sua morte, sempre que os africanos faziam um sacrifício aos Espíritos ou celebravam uma festa religiosa, nada dava certo; as preces dirigidas aos Deuses não eram ouvidas; os rebanhos foram dizimados pelas epidemias, as plantas secaram sem produzir frutos, os homens caíam doentes. Que tabu teria sido violado? O *babalaô* consultou os obis e estes responderam que Exu tinha ciúmes, que queria sua parte nos sacrifícios. Como as calamidades não cessassem, continuando sempre a assolar o país, o povo voltou a consultar o *babalaô*. Mais uma vez tiraram a sorte e a resposta não tardou a vir: 'Exu quer ser servido em primeiro lugar'. 'Mas quem é esse Exu?'. 'Como? Não vos lembrais mais dele?'. 'Ah, sim, aquele pretinho tão amolante'. 'Exatamente esse'. E foi assim que dali por diante não se pôde fazer nenhuma obrigação, nenhum sacrifício, sem que Exu fosse servido em primeiro lugar."

Doutrinação corriqueira, martelada, contínua e conjugada dos Presidentes da União Nacional dos Cultos Afro-Brasileiros e Confederação Espírita Umbandista do Estado do Rio de Janeiro, em *O Dia,* 20.11.1966. Transc. *ipsis literis.*

Naturalmente que a história desses rituais, dessas práticas e dessas concepções nos chamados cultos afro-brasileiros se prende ou se interliga ao africanismo e à pajelança, que são os ângulos degenerados de suas fontes, de suas origens; mas daí a admitir-se "furiosamente" que a Umbanda é genuinamente africana, tem sua origem "lá nas terras d'África", vai uma grande diferença, tal e qual entre a pedra bruta e o cristal.

E tanto é um fato incontestável o que estamos dizendo que não existe terreiro de "macumba ou candomblé" ou "ritual de nação" que não tenha "caboclo fulano ou pai sicrano como chefe", e que não se apresentem como da "linha de umbanda". Então, rematemos: "a César o que é de César, e a Mateus segundo os seus".

A Corrente Astral de Umbanda ressurgiu para reimplantar as suas *bases* através de um Movimento Novo, um sangue novo, vivificador, que tinha de ser *injetado* nas veias do africanismo e da pajelança, decadentes, degenerados, ambos atacados de "arteriosclerose" *psíquica, cerebral*, e, logicamente, esse processo de revitalização não pode ser realizado às pressas, mas se vem processando seguramente, gradualmente, pois já estamos no fim de um ciclo, no qual tudo tende a transformar-se, até as concepções filosóficas e religiosas caíram no arcaísmo ou no museu do passado, visto serem baseadas no erro e na subversão dos genuínos valores originais da Tradição revelada a Humanidade primitiva ou à primeira raça da terra.

E a Corrente Astral de Umbanda, na altura desse Ciclo, faz reviver, através dessa sua Doutrina Secreta, as suas cristalinas concepções religiosas, filosóficas, metafísicas e científicas, na altura mesmo dessa nova mentalidade que está nascendo e vai eclodir e se agigantar a par com os progressos da Ciência, doutrina essa que fica, às vezes, por milênios "arquivada" no astral, para ser lançada na hora em que o materialismo positivo ou o ateísmo se prepara para endeusar ou venerar a pura ciência dos homens e rir mais ainda das retardadas e infantis concepções que norteiam não apenas a massa cega, ignara, mas a teologia e o próprio esoterismo das elites ditas pensantes.

Eis a tarefa que nos coube: semear novamente a Eternal Concepção da Verdade Una, guardada zelosamente nesse Brasil, berço da Luz, Pátria Vibrada pelo Cruzeiro do Sul, Signo Cosmogônico da Hierarquia Crística.

Porque — oh! homem, oh! humana-criatura — você pode ir até a Lua, pode até comer pastilhas que o alimentem por um ano, isso tudo e progresso material, isso é da natureza do Universo Astral; isto tudo são coisas que lhe serão facultadas alcançar nessa 2ª Via de Evolução e que podem elevá-lo aos cumes da glória e do orgulho científico, mas isso não significa evolução espiritual, moral,

Essas coisas o prenderão mais à terra e à carne e o farão mais vítima do que herói, porque fatalmente desviará *isso tudo* para o caminho do egoísmo, da agressividade, da guerra e consequentemente surgirão novas e mais duras provações ou disciplinas cármicas, visto o levarem mais ao esquecimento do Deus-Pai, da Lei Divina, da Fraternidade, da

Caridade, distanciando-o cada vez mais do regresso, ou da libertação, se ainda não for jogado para as subcondições de planetas mais inferiores do que o nosso. Oh! humana criatura, a felicidade para você ainda consiste mais, muito mais mesmo, na posse de muito dinheiro, muita comida e muito gozo carnal. Não vê que você já caiu na estupidez, na cegueira mental de exaltar apenas os *atributos carnais do sexo de Eva, a mulher,* distorcendo a mentalidade feminina do sentido real do sexo, chegando a ponto, essa pobre Eva, de só se preocupar na exibição carnal desses seus atributos, como se seu papel fosse tão-somente o de expô-los no mercado da Vida, afim de ser adquirida pela alucinação sensual do "bicho-Adão".

Bem, voltemos ao assunto da linha-mestra.

Assim é elementar, de compreensão simples para todos os que forem dotados de certa visão e que se dispuserem a uma observação serena sobre grande parte desses terreiros de Umbanda, de que, neles, os adeptos vêm praticando mais uma sub-religião dentro de sub-concepções, num misto de crendices e superstições, a par com ritos mágicos e oferendas afins, por falta, naturalmente, de orientação, da doutrina especializada da cúpula; enfim, daqueles que se elegeram por moto próprio à direção dessas Tendas de Umbanda, dessas Uniões e Federações.

Nós não estamos, assim, dizendo que uma massa é ignorante *porque é mesmo;* ela é conservada, mantida nessa ignorância, pela ignorância dos responsáveis.

O que um "chefe-de-terreiro" diz, ensina e pratica costuma ser lei no seu ambiente ou círculo; daí ficar tudo na dependência de seu *estado de consciência,* tudo relacionado ao *para mais ou para menos* de seus conhecimentos; em suma e de modo geral, todos ficam bitolados ao sistema ou à ritualística que ele "houver admitido como a verdadeira".

E como muitos e muitos se pautam num convencimento e numa vaidade crucial, "filha amorosa" daquela "mãe teimosa" que se chama ignorância, é claro que a doutrina especializada não se faz presente no meio desses adeptos, desse meio umbandista necessitado e ansioso de luz, de esclarecimentos.

Dividir para reinar, não ensinar para dominar, e o lema de certos mentores de cúpula, e tanto é que, quando surge alguém mais versado, mais capacitado. "pau nele", tratam logo de sabotá-lo ou de neutralizá-lo.

O que acabamos de expor não é ataque, não é despeito por coisa alguma. Estamos numa linha doutrinária apenas, nada pessoal.

Porém isso não é regra geral, é claro. Referimo-nos a essa grande parcela do meio que ainda se arrasta, presa a esses "pais-de-santo" sem eira nem beira doutrinária.

Porque, felizmente, outra parcela, e bem ponderável, já começas influir decisivamente nesse estado de coisas. São os que leem, procurando a luz singela da verdade pelo esclarecimento.

E vem acontecendo *cada uma* por dentro desses nossos "mui queridos e fraternais terreiros". Citemos apenas um simples fato, já comum,

São incontáveis os terreiros muito bem frequentados e por força dessa frequência, desse movimento, vão crescendo, vão-se ampliando material e socialmente. O corpo mediúnico cresce também, "pari passu", recebendo elementos mais categorizados, isto é, mais evoluídos mentalmente.

Mas, depois de certo tempo, movidos pela vontade de saber ou de aprender as decantadas "mirongas" da Umbanda, começam a inteirar-se da literatura umbandista. Aí é que começa a coisa. Dão por ceca e meca, até que lhes indicam ou eles mesmos descobrem as nossas despretensiosas obras.

Depois de lidas e meditadas, começam a produzir uma espécie de agitação nos fatores psíquicos que se encontravam acomodados, quando os leitores umbandistas passam a observar "O seu pai ou mãe-de-santo, ou seu chefe de terreiro", o que fazem ou dizem e praticam.

A princípio medrosamente, depois mais seguros e confiantes, dispõe-se a interroga-los, aperta-los mesmo, sobre o porquê disso ou daquilo, e é um deus-nos-acuda. Tem surgido cada cisão, cada estouro...

A maior parte desses nossos irmãos ditos "pais ou mães-de-santo, tatas, babalaôs e chefes de terreiro" está mesmo dentro daquilo que apontamos como a ignorância dos simples de espírito, analfabetos ou semi, não podem e nem têm condições para ler e aceitar doutrina de ninguém; seguem a linha do santo, ensinada pelo bisavô ao avô do pai ou da mãe do santo que fez sua rica cabecinha, daí não estarem por dentro ou a par das novas luzes, desse novo movimento genuinamente umbandista, promovido a duras penas por essa Corrente Astral de Umbanda. Então, dizer-se que uma coisa vem a ser exatamente a outra vai uma grande distância.

Porém, existe ainda outro aspecto a salientar-se: boa parte desses chefes ou mentores de Tendas e composta dos "sabidões", incrivelmente vaidosos, mas ledores de tudo sobre Umbanda.

Assimilam com facilidade, podem entender verdades, podem esclarecer ou orientar certo, mas isso não lhes interessa; isso Viria a contrariar "um mundo de coisas diretas, indiretas, ocultas". Para assim procederem, teriam de fazer "uma limpeza geral no castelo" já erguido e dos quais são os "barões". Convenhamos que é duro admitirem que o sistema vinha todo torto, todo confuso, para, de repente, ter de consertá-lo, mudando quase tudo.

Então o que costumam fazer? Oh! "santificada astúcia de malazarte"! Vão endireitando alguma coisa, ajeitando isso ou aquilo e praticando melhorzinho, mas não diretamente, pessoalmente. Os "seus protetores" são encarregados de endireitar, pelos fatores que estão guardadinhos na cabeça do "aparelho" e aprendidos nos livros tais e tais. Bem, já serve; o que é premente, imperioso, é que haja doutrina especializada e esclarecimentos gerais, venham de onde Vierem. E é por não saberem diferençar os vértices desse triângulo que os *outros* metem o pau em tudo.

Por exemplo: o meio kardecista, de um modo geral, tem horror aos espíritos de caboclos. Pensa que são "índios bugres", atrasados, rasteiros, violentos, grosseiros. Confunde a manifestação vaidosa, espalhafatosa dos "quiumbas" que, não resta dúvida, campeiam pelos terreiros (assim como estão também por lá, pelas sessões de mesa, solertes, capciosos, imitando ou mistificando os "luminares" e até se impondo, ditando doutrina, acatados com alto respeito), com a manifestação real daqueles nossos caboclos, reconhecidos como Guias e Protetores de fato e de direito.

Irmãos kardecistas! Onde houver pessoas reunidas, tidas ou havidas como médiuns, ou corrente de invocação falada ou cantada, os fenômenos mediúnicos hão de se processar, dessa ou daquela forma, tudo de acordo com o ambiente ou condições mentais ou estados de consciência de cada um participante.

Estados de consciência, condições mentais, morais não estão escritos por fora da testa, estão por dentro, ninguém os vê, assim, e nem os modifica de repente. Portanto, qualquer ambiente vibratório, quer de um terreiro, quer de uma sessão de mesa, é forçosamente heterogêneo e as ditas condições da maioria são as imperantes, dentro da lei de afinidades. Então o "quiumba" tanto baixa e domina por lá, como por cá — por lá, de um jeito, e por cá, de outro, essa é que é a realidade.

No entanto, por umas e por outras, por esses e por aqueles fatores que não queremos aqui exaltar, quase todo médium, de quase todas as correntes, inclusive da própria kardecista, deseja, procura e alguns fazem até questão de ter um legítimo Guia Caboclo ou Índio, não somente os daqui, do Brasil, como os do estrangeiro.

Na América do Norte, na Inglaterra, para não nos alongarmos nesse assunto, os médiuns considerados mesmo bons, positivos, fazem questão absoluta de ter seu Guia Índio.

De tudo que temos lido e nos informado em fontes diretas, só se sentem confiantes, firmes, justamente por causa da cobertura do Guia Índio.

Essa questão de caboclos tanto é ardentemente desejada por cá como por lá. A Corrente Astral de Umbanda é imensa e age de todas as formas para ir interpenetrando tudo quanto sejam condições afins.

Um dos melhores médiuns da Inglaterra é o Sr. Maurice Barbanell, redator-chefe da revista *Two Worlds*, que se dedica à programação dos estudos psíquicos, espiríticos, etc.

Existe até um grupo especializado e organizado por outro jornalista, 0 Sr. Hannem Swaffer, tudo sob a orientação do Guia do Sr. Barbanell, que é um espírito de índio pele-vermelha, o *Silver Birch* (leitor, nós não vamos traduzir isso, procure saber), e há também o *Red Cloud* (Nuvem Vermelha), o *White Hawk* (Gavião Branco) e outros e outros mais. Curioso que quase todos são de origem pele vermelha.

Como veem, tudo à semelhança de nossos Pedra Preta, Pena Branca, Nuvem Branca, Cobra Coral, etc.

Só que os nossos, para a cúpula kardecista, são bugres, atrasados, e os de lá são decantados, mensalmente, nas páginas de *O Reformador*, sob o título "Lendo e Comentando", do Sr. Hermínio Miranda, um dos mais conceituados colaboradores e doutrinadores da dita cúpula, que o qualifica sempre como "o grande guia espiritual". E não é só.

A Revista Internacional do Espiritismo, São Paulo, out. 1966, nº 9, coerente com seu irmão O Reformador, também exalta os fenômenos mediúnicos de materialização na América do Norte, à pág. 228, quando transcreve as experiências do Dr. M. A. Bulman (anais psíquicos e espíritas), assistente do médium norte-americano James J. Dickson, acatadíssimo tanto lá como pela própria direção da revista. E o guia espiritual e mentor daquelas sessões de materialização é um índio pele-vermelha — tal e qual o nosso "Caboclo velho *payé*".

Mas, vejamos como descreve essa revista a fase principal dessa sessão, quando um outro espírito materializado, a criança Minnie, anuncia a presença do índio, porque é bonito, vale a pena.

"— LUA PÁLIDA anunciou o guia. E este também estava inteiramente materializado.

De todas as experiências que tive com o Rev. Dickson[44] esta foi a mais espetacular. Como os outros, Lua Pálida parecia perfeitamente vivo e real, do cocar até os mocassins enfeitados de contas. De pé no meio da sala, com a luz solar resplandecendo sobre sua forma espiritual, toda a sua figura oferecia um aspecto magnífico.

Fixei seus olhos negros e penetrantes, seu rosto rude e moreno, como que tostado pelo sol, o esplendor de suas penas e o cintilante manto azul que o envolvia. A emoção deu-me um nó na garganta.

— Ah! — disse-lhe Nell — Tu és glorioso!

— E maravilhoso — disse a Sra. Dickson, com admiração.

— Há muito tempo desejamos dar-lhes uma demonstração como a de hoje — disse Lua Pálida. — Mas era preciso esperar que as vibrações estivessem corretas.

De onde se encontrava, o Rev. Dickson dirigiu-se a nós, dizendo:

— Observem Minnie!

---

44 *Nos Estados Unidos e na Inglaterra os Centros Espíritas geralmente denominam-se "Igrejas,, e o médium, Reverendo (nota da revista).*

Voltamo-nos para Minnie. Estava materializada apenas até a cintura. Extinguia-se e, em seguida, desapareceu contra a parede. Virei-me para onde estava Lua Pálida e, nesse instante, ele abriu seu manto, deixando ver, por debaixo, um costume de algo que poderia ser pele de alce enfeitada de contas. Trazia numerosos colares brilhantes.

— Olhem o meu manto — disse-nos ele, puxando-o para um lado. — Traz o meu símbolo especial.

Com efeito, nas costas do manto magnífico, contra o fundo azul, havia um crescente branco, ao centro, cercado de estrelas e com a perspectiva de um horizonte crepuscular ao fundo.

Enquanto admirávamos o desenho e o tecido misterioso do manto, Lua Pálida lentamente desapareceu, como que integrando-se nos raios do sol que incidiam sobre a sala."

São incontáveis os brasileiros, lidos, instruídos, que têm tendência irresistível para só darem valor "aos macacos do Vizinho".

O CAMINHO RETO DA INICIAÇÃO NA UMBANDA

Caríssimo leitor. Você já estará certamente convencido, conscientemente compenetrado, pelo que vem lendo e assimilando, de que a Corrente Astral de Umbanda é um fator vivo, imperante. Existe, expressa-se e se relaciona através de milhares e milhares de Falanges de Caboclos, Pretos-Velhos e Crianças, Guias e Protetores

Como Guias identificamos as entidades que estão num grau muito mais elevado ou possuem conhecimentos gerais muito mais amplos do que os que se encontram no grau de Protetores. Os Guias operam no cabalismo profundo da Magia dos Sinais Riscados — que denominamos também de *Lei de Pemba*, e os Protetores, via de regra, são auxiliares, trabalham, isto é, operam na Magia, dentro de seus conhecimentos, porém num âmbito relativo e mais simples.

Os Guias não são comuns ou afins à maioria dos médiuns; nesse caso estão os Protetores, e assim mesmo somente através dos que sejam médiuns de fato, positivos. De qualquer forma, com ou sem médiuns, as Falanges atuam sobre a coletividade umbandista, fiscalizando, frenando, amparando.

Não confundir, portanto, animismo, fanatismo, influência de "quiumba" e mesmo a mistificação vaidosa, consciente, que também são fatores reais, com a legítima manifestação do Guia ou Protetor de fato e de direito.

Devemos tolerar os senões apontados, visto serem produto da falta da Doutrina especializada, da ignorância, e sobretudo porque eles definem *estados de consciência* "dando cabeçadas nos degraus da evolução".

No entanto, desculpar ou tolerar não é compactuar, submeter se, aliar-se. Assim, o leitor já deve ter deduzido definitivamente que os valores postos em ação e reação pela mentalidade da massa são circunscritos, isto é, "medidos, pesados e contados" pelo seu grau de mentalidade ou de alcance do intelecto, e não como o *produto direto* da atuação das genuínas Falanges de Caboclos, Pretos-Velhos, etc.

Bem, sabemos que são inumeráveis os desiludidos por via desses fatores reais. Sabemos que se contam às centenas os simpatizantes, adeptos e mesmo iniciados inconformados e muitos até envolvidos pela sombra da descrença, dado que confundiram, misturaram o que era do *humano médium* com o que pensaram ser do próprio Guia ou Protetor. Conceitos errôneos adquiridos por força de tantos impactos, de tantos fracassos e de tantas desilusões. humanas, e claro.

Um nosso caso particular elucida bem o que desejamos ressaltar: "Aos 16 anos de idade tivemos a oportunidade surpreendente de falar e receber conselhos, inclusive três profecias do caboclo Yrapuã, através de uma mocinha, médium, mas de família carola, católica. Durante seguramente uns vinte anos — depois que nos embrenhamos na seara umbamdista — falamos com vários 'Yrapuãs', sem que jamais nos tenham reconhecido ou identificado, pois aquela entidade nos havia dito que voltaria a falar-nos no futuro, tendo ainda o cuidado de nos ter avisado de que, com esse nome, só existia ele mesmo. Esse retorno real aconteceu, porém, há uns dois anos atrás e por intermédio de um médium que jamais nos havia visto. Yrapuã veio confirmar os acontecimentos realizados e profetizados. Logo após subiu em definitivo; foi oló".

Por essas e por outras, oh! irmão, não é que você vai deixar de se filiar diretamente a Sagrada Corrente Astral de Umbanda, composta essencialmente dos Guias e Protetores astrais; passe por cima dessa *subfiliação* que implica em você se deixar cair, ou envolver, na faixa vibratória de um médium qualquer, quer seja chefe de terreiro, pai ou mãe-de-santo, tata ou lá o que for.

Isso porque as condições reinantes, de chefia, doutrina, ritual e magia, *são dúbias*, e você sendo uma pessoa que lê, estuda, perquire e compara, na certa não vai, nem deve, submeter-se a um "quiumba" qualquer, arvorado a caboclo ou preto-velho.

Você, sendo um verdadeiro "filho de fé" da Corrente Astral de Umbanda, não deve ficar na dependência e no temor dos "caprichos de A ou de B", sabendo que o elemento mediúnico é humano; é "aparelho" sujeito a desgaste, erro, subversão de sua própria mediunidade ou dom.

E mesmo que o médium seja bom, positivo, correto, esclarecido e Com bons Guias ou Protetores, está sujeito a morrer, adoecer e a errar também, podendo inclusive surgir um problema qualquer no terreiro com você e consequente afastamento; portanto, a filiação direta e tão só, mente a faixa espirítica, moral e vibratória de um chefe de terreiro *não é o bastante para lhe acobertar* de eventuais problemas ou decaídas mediúnicas, cisões, etc.

Entenda bem: se você é filho de santo ou iniciado por um Guia ou Protetor de um médium, está, *ipso facto,* ligado essencialmente quer à sua corrente espirítica mediúnica, quer às suas condições mentais ou psíquicas, morais, etc., isto 6, fica envolvido inteiramente em sua orientação, práticas, subpráticas ou rituais.

Se ele morre, erra ou decai na moral e na mediunidade, lógico que você fica impregnado, comprometido com todos os fatores mágicos, ritualísticos ou práticos e astrais a que tanto se ligou por intermédio dele, e se você *brigar* com ele e se afastar, muito pior, porque haverá forçosamente um impacto moral, mental, astral, isto é, um choque de correntes, quer a razão esteja com você, quer com ele, e como a maioria desses chefes são vaidosos e *cheios de sensibilidade*, esperam que o caso não fique assim... assim... *entendeu*, não é?

Por essa e por outras é que existe, acertadamente, no culto africano a tirada da *mão de vumi*, isto é, ninguém que enxergue um palmo do assunto deseja ficar ligado às influências astrais do defunto "pai-de-santo", ou aos impactos decorrentes de uma decaída ou cisão.

E se levarmos diretamente ao caso do erro ou da subversão dos valores morais-mediúnicos, tanto pior, pois aí é que você vai receber a *metade da pancadaria*, ou melhor, as sobras da derrocada. Lógico. Você estava ligado, comprometido e até participava de *trabalhos especiais* constantemente (embora inocente ou inconscientemente, na confiança), como queria ficar isento dessas injunções? Magia é magia. Astral é astral. Ligação é ligação. Raciocine, entenda e compare.

Então, não convém a ninguém (adepto ou iniciado) ficar sujeito a essas eventualidades ou condições, mesmo que o médium seja da *linha reta*, em tudo por tudo. Não mantenha ilusões, estamos lhe dando um *recado*, que vem muito de cima e não de baixo.

O que lhe convém é se pôr a *coberto* de qualquer uma dessas eventualidades, *filiando-se por cima de tudo isso e diretamente* a Corrente Astral de Umbanda — a sua Cúpula Astral, composta dos Guias Espirituais, que são os seus legítimos mentores; esses jamais subverterão essa cobertura, essa proteção, porque não são humanos, não são médiuns.

Se você seguir o que vamos aconselhar, vinculando tudo ao item 2, do qual vai inteirar-se logo adiante, nada tema, nem mesmo o seu *chefe*, quer seja caboclo ou preto-velho, quer seja o próprio médium, porque o Guia ou Protetor, seu ou desse médium, não pode negar, nem desfazer e nem obstruir isso, alegando qualquer coisa, *porque* se assim proceder, *não é um legítimo integrante* dessa Sagrada Corrente Astral de Umbanda, visto estar na obrigação de saber que a Ordem é de cima, da Cúpula Astral, e não de baixo, pessoal, nossa. E não se esqueça, irmão, todo "quiumba" prima pela vaidade, arrogância e desfaçatez.

Tudo o que lhe vamos TRANSMITIR redundará numa FILIAÇÃO ou numa INICIAÇÃO Astral DIRETA — não alterando outros fatores ou valores, e se o fizer, é para melhor, mesmo que você conserve outros talismãs ou colares particulares, de seus protetores, de seu terreiro. Porque por onde vamos encaminhá-lo encontrará uma *superfiliação* e não apenas uma *subfiliação*, pois vai implicar em:

1º) conselhos e advertências claras, positivas e irreversíveis dentro da Linha da Reta Iniciação;

159

2ª) consolidação disso tudo, numa GUIA CABALÍSTICA, ordenada e CONSAGRADA pela Cúpula da Corrente Astral de Umbanda, que sintetiza, representa e traduz: a) os Sagrados Mistérios da Cruz; b) o Signo Cosmogônico da Hierarquia Crística; c) a Alta Magia da Umbanda e a sua identificação como genuíno adepto ou iniciado umbandista. Essa guia (colar com a cruz e o triângulo veja adiante) define cabalmente o lado A — UMBANDA Evolutiva, o lado B — Africanismo degenerado, catimbó, pajelança, rituais confusos, práticas grosseiras, mescladas, etc.

Atente primeiro para as questões relacionadas com o item 1º.

Pratique a caridade, seja lá como for; por intenção ou sentimentos bons, por generosidade e até mesmo por vaidade — faça a caridade, quer material, quer moral, quer astral-espirítica.

O único "talão de cheque" que você pode levar quando deixar essa Sua carcaça apodrecendo lá na cova é esse; único pelo qual pode sacar no Banco Cármico do Astral.

Lá você pode depositar suas "ações", sujeitas até a "correção de valores" entre seus méritos e deméritos, e onde se aplica a regra eternal do "fora da caridade não há salvação".

Não aceite a baleia que por aí pregam, de que "a caridade sem a boa intenção nada vale". Isso e força de expressão doutrinária "de nossos melodiosos irmãos kardecistas".

Toda ação positiva, quer parta da pureza intencional, quer parta simplesmente da generosidade, quer seja impulsionada apenas pela vaidade, produz um benefício, um conforto, uma satisfação, um alívio. Portanto, será contada, medida e pesada, para que se lhe atribua um valor.

Entretanto, a caridade não se restringe apenas ao socorro aos que estão necessitados de comida, roupa ou medicamento; há outros elementos, por via de certos conhecimentos, poderes psíquicos e mediúnicos. Os desesperados e decaídos por causas morais, emocionais e astrais são incontáveis e a esses nem sempre o pão e a roupa fazem falta. Asseveramos isso de cadeira, porque militamos como "curandeiros e macumbeiros" há quase trinta anos. Sim, porque, via de regra, o médium que cura é logo apodado de "curandeiro" pelos interessados, invejosos, despeitados e contrariados, e se ele for de Umbanda, adicionam logo: "é macumbeiro".

Assim, afirmamos que há desesperos e traumas de toda espécie, complexos terríveis, que somente um "curandeiro experimentado ou um médium-magister pode enfrentar e curar". Da medicina especializada aos terreiros é onde termina a via-crúcis de um sem-número de infelizes, do corpo e da alma.

A verdadeira Iniciação da Corrente Astral de Umbanda é subir pelo merecimento, pela vontade férrea, os degraus do conhecimento e do poder, a fim de adquirir as condições indispensáveis à prática desse tipo de caridade.

Para que você vive, irmão? Só para comer, beber, gozar, procriar... e vegetar? Isso os irracionais também fazem. Assim você sobe e desce, sempre navegando nas mesmas águas.

Procure ser útil a seus semelhantes, e da forma mais positiva, mais aproveitável e real, que se traduz na caridade pela sabedoria. Amor somente não o levará a verdadeira Iniciação; tem que irmaná-lo à sabedoria das coisas.

Então, como já explanamos especialmente essa questão de caridade, esperamos que você faça tudo para pautar sua conduta dentro desses singelos itens:

a) Escute muito, observe muito e fale pouco. Não seja um impulsivo. Domine-se. E quando o fizer, que o seja para conciliar, amparar, mas sem ferir o ponto fraco de ninguém.

b) Não alimente vibrações negativas, de ódio, rancor, inveja, ciúme, etc. E nunca perca seu tempo, para não desperdiçar suas energias neuropsíquicas, na tentativa de convencer um fanático, um arrogante ou pretensioso, seja de tal ou qual setor, mormente do religioso.

c) Não tente impor seus dons mediúnicos, ressaltando sempre os feitos de seus guias ou protetores. Tudo isso pode ser bem problemático, e não se esqueça de que pode ser testado, ter desilusões, até porque, se tiver mesmo dons e poderes, eles saltarão, e qualquer um logo perceberá. Isso o "zé-povinho" cheira de longe.

d) Não mantenha convivência com pessoas más, invejosas e maldizentes. Isso é importante para sua aura, a fim de não ficar sobrecarregado com "as larvas ou os piolhos astrais" desse tipo de gente. Tolerar a ignorância não é partilhar dela.

e) Tenha ânimo forte, através de qualquer prova; confie, espere, mas se movimente de acordo com o que vai aprender relativo ao item 2.

f) Não tema ninguém, pois o medo é prova de que está com algum débito oculto em sua consciência pedindo reajuste.

g) Não conte seus "segredos" assim, a um e a outro, pois sua consciência é o templo onde deverá levá-los a julgamento; todavia, deve saber identificar um verdadeiro amigo, e o faça seu confidente. Isso é bom. Ninguém deve ficar "remoendo" certas coisas na consciência.

h) Lembre-se sempre de que todos nós erramos, pois o erro é humano e fator ligado à dor, à provação e, consequentemente, às lições com suas experimentações. Sem dor, lições, experiência, não há carma, não há humanização, nem polimento íntimo o importante é não reincidir nos mesmos erros. Passe uma esponja no passado, erga a cabeça e procure a senda da reabilitação e aprenda a não se incomodar com o que os outros disserem de você; geralmente aquele que fala mal de outro tem inveja, despeito ou uma mágoa qualquer.

i) Conserve sua saúde psíquica zelando pelo seu moral, ao mesmo tempo que cuide da física com uma alimentação racional; não force sua natureza a se isentar da carne, se você verificar que seu organismo sente a sua falta; não abuse de fumo, álcool ou qualquer outro excitante.

j) Na Véspera e logo após a sessão mediúnica não tenha contato sexual, especialmente se for participar de algum trabalho de descarga, demanda, etc., dentro de uma corrente mágica ou de oferendas[45].

---

45 *Obs. especial: Se você for mesmo um médium-umbandista ou um médium-magma; para conservar firme essa condição, não durma com mulher menstruada, e muito menos tenha contato sexual com ela, nessa sua condição.*

k) Todo mês, escolha um dia a fim de passar algumas horas em contato com a natureza, especialmente um bosque, mata ou cachoeira. O mar não se presta muito à meditação ou à serenidade quando está um tanto ou quanto agitado. Tendo você, irmão leitor, entrado em sintonia com essa série de conselhos, veja a seguir a figura dessa guia-talismânica, pois será com ela e através dela que vai ficar firme, confiante, no caminho da reta iniciação. Depois vai também se inteirar de todos os detalhes, quer na parte do objeto, quer no seu pode roso preparo mágico, de imantação e uso.

Guia Cabalística — Ordenada e Consagrada pela Corrente Astral de Umbanda

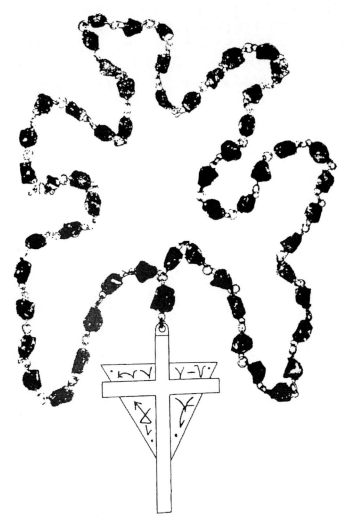

Sintetiza — Representa —Traduz

a) Os Sagrados Mistérios da Cruz.

b) O Signo Cosmogônico da Hierarquia Crística.

c) A Alta Magia da Umbanda e a Identificação do genuíno adepto e do iniciado umbandista.

(Ver detalhes sobre o objeto e instruções para sua *imantação particular*).

Olhou bem essa maravilhosa guia? Vamos então detalhar para você os elementos que a compõem.

A parte do colar é constituída de 57 pedras, de águas-marinhas, sendo 28 de cada lado, fechando com 1 no pé, prendendo-se à cruz imantada no triângulo.

Esse colar também pode ser de contas das chamadas lágrimas-de-nossa-senhora (em número de 57, tendo 28 de cada lado e 1 na cabeça da cruz, igual ao da figura), sendo ligadas por ganchinhos de arame, para dar tamanho para colocá-lo no pescoço.

Os que puderem, façam-no de águas-marinhas, pois são indicadíssimas, dado o seu valor vibratório, de reação e projeção, de acordo com as correntes eletromagnéticas.

Esse colar vai-se prender ao talismã propriamente dito, quer seja de lágrimas ou águas-marinhas (a).

Esse talismã é composto (conforme figura) de uma cruz e de um triângulo (b) com o Vértice para baixo (c) e sobre o qual deve-se mandar gravar os caracteres cabalísticos, tal qual estão na figura, pois, sem isso, essa guia-talismânica deixa de ser *consagrada* pela Cúpula da Corrente Astral de Umbanda.

a) De princípio parecerá aos leitores interessados que de águas-marinhas ficará muito caro. Exato. Porém, vejam que essas da figura são pedras *rústicas*, não lapidadas e não selecionadas. Se não fosse assim, ficaria caro mesmo. O objetivo não é uma joia. Devem procurar uma oficina de lapidação, pois lá existem as chamadas pedras roladas, que vendem também e por preço acessível e conforme se peça, fazem o colar em foco, chumbando cabeça por cabeça, com outras pecinhas de metal, pedindo-se apenas uma certa uniformidade no tamanho das peças.

b) A cruz no triângulo (soldado, colado, etc.) deve ser confeccionada por um serralheiro ou torneiro mecânico, pois tem que ser de metal, isto é, uma liga metálica que tenha cobre, pois esse elemento é imprescindível na composição desse talismã. O interessado pode ainda mandar dar um banho de níquel fosco. Depois, é só mandar gravar os caracteres da figura, que são as *ordenações identificadoras* da Cúpula Espiritual da Corrente

Astral de Umbanda, abonadoras dessa filiação, *dessa cobertura, dessa proteção*.

Esse objeto, composto dessas duas partes, ainda fica mais barato do que certas "guias de louça e vidro" que são vendidas por aí, mais Simbolismo do que magia ou fundamento.

As medidas da cruz: haste vertical 7 cm; haste horizontal (a que cruza) 5 cm. Medidas do triângulo: 5 cm, de cada linha ou de vértice a vértice. Esse triângulo pode ser colado ou encaixado na cruz. Esta pode ser de tubo fino de cobre, para ficar o mais leve possível.

c) A corrente Rosa-Cruz, o Círculo Esotérico e quase todo ocultismo usam o triângulo em seus brasões-mágicos ou simbólicos, com o vértice para cima, significando a ascensão ou a volta do ser espiritual à sua fonte de origem, isto é, no sentido vibratório da projeção de forças, de ir ao encontro dos planos superiores. Correto até certo ponto. E com o vértice para baixo dizem significar a descida do espírito ao mundo astral e físico, portanto, é essa a condição em que nos encontramos há milênios.

Assim sendo, e como somos eternos pedintes, necessitados de proteção, cobertura, etc., raríssimos são aqueles que podem projetar forças *para cima, chumbados* como estamos às mazelas do plano terreno. Então, a Corrente Astral de Umbanda tem o seu Signo Cosmogônico, Universal, definido com o *vértice para baixo* e assim traduz e vibra como força e corrente de cobertura, apoio, proteção, *de cima para baixo*, ou sobre nós. Por isso, ei-lo imantado na cruz. Há que compreender as forças mágicas em seus movimentos de correspondência ou relações.

Então, está o leitor, adepto ou iniciado, com todos os dados sobre o objeto. Agora, vamos dizer como deve prepará-lo na alta Magia da Umbanda, a fim de que fique corretamente imantado, pronto para sua *autodefesa, cobertura e filiação* contra toda e qualquer influência do baixo astral; pronto para sustenta-lo nesse intrincado *métier* de "terreiroa-terreiro", de trabalhos, etc.; pronto até para beneficiá-lo, de acordo com os outros ensinamentos que vamos especificar.

Preste atenção, muita atenção, porque isso começa com a ligação de seu signo astrológico, com *um dos 4 elementos da natureza*, uma identificação necessária ao processo mágico de imantação, pelo perfume, erva e sítio-vibratório.

Para isso, inicialmente, devemos proceder a uma classificação Simples, para efeito direto de sua assimilação. Nosso caso é tornar a operação o mais simplificada, vista querermos que você entenda como e onde deve prepará-lo. Concentre-se no "fio dessa meada".

A substância etérica, conforme já explanamos nos Postulados, em sua 3ª transformação ou 4º estado, gerou os fluidos universais, cósmicos (que já foram o produto de uma coordenação do Poder Criador), básicos, que são compostos de íons ou moléculas, daí admitir-se: o fluido luminoso, o fluido calorífico, o fluido elétrico, o fluido magnético.

A associação fluídica dessas correntes ou forças que são transmissíveis e estão por dentro de tudo quanto sejam células do macro e do microrganismo produz ainda o que podemos considerar simplesmente como os *4 elementos da natureza* física, que são: fogo, ou elementos ígneos; ar, ou elementos aéreos; água ou elementos aquosos; terra ou elementos sólidos. Assim, tendo você nascido debaixo de um signo astrológico e correspondente a um planeta, e sendo 12 esses signos e de 3 em 3 se correspondendo com um desses citados 4 elementos vitais, façamos uma identificação singela:

a) Signos de FOGO Leão, Áries, Sagitário; Signos de AR — Aquário, Gêmeos e Libra; Signos de ÁGUA — Escorpião, Câncer e Peixes; Signos da TERRA — Touro, Virgem e Capricórnio.

b) Sabendo você o seu signo e o elemento da natureza que lhe é próprio, isto é, que consolidou a estrutura de seu corpo astral, vai saber também as correlações desse *elemento da natureza* com o perfume, com a erva e com a flor, três coisas indispensáveis a essa operação mágica de imantação de elementos eletromagnéticos ou do fluido cósmico que deve ser "absorvido". Então:

c) Para homens e mulheres dos Signos de Fogo: flor — cravo branco ou vermelho; perfume — sândalo; erva — a raiz da vassourinha branca (chamada de vassourinha branca das almas; dá muito em beira da linha férrea), só servindo aquela de galhos fininhos, que dá uma florzinha branca e que é fácil de se conhecer, pois a dita raiz tem cheiro e gosto ativo de cânfora.

d) Para homens e mulheres dos Signos de Ar: flor — o crisântemo (qualquer cor); perfume — gerânio; erva — folhas de hortelã.

e) Para homens e mulheres dos Signos de Água: flor — a rosa branca ou vermelha; perfume — verbena; erva — folhas da sensitiva (a mimosa pudica), essa plantinha que, ao ser tocada, murcha.

f) Homens e mulheres dos Signos de Terra: flor — a dália (qualquer cor); perfume — violeta; erva — folhas do manjericão (roxo ou branco).

Obs.: a natureza do sítio-vibratório em que esse objeto deve ser submetido a operação mágica de imantação, *exclusivamente para o elemento masculino:* uma pedra ou laje de uma cachoeira. Outrossim, na América do Sul, do Norte, Central, etc., qualquer adepto (sim, porque já existem) deve-se pautar, quanto a ervas, perfumes e flores, na identificação esotérica ou oculta relativa ao seu signo, pelos elementos naturais de sua região ou país.

g) *Como proceder diretamente:*

O elemento masculino, tendo-se identificado com o seu signo elemento da natureza — perfume — flor — erva, acrescenta 3 luzes de lamparina e uma tigela de louça branca e se encaminha, já com sua guiacabalística, para uma cachoeira, e em cima de uma pedra ou laje, forra parte dela com as pétalas da flor correspondente; depois coloca a tigela em cima, com água pela metade, e logo tritura a erva ou a raiz, atritando-a entre duas pedras pequenas (ralando-a); depois coloca dentro da tigela, que já contém a água; deixa ficar uns dez minutos, para extrair o sumo; enquanto isso, acende as três luzes de lamparina e distribui em volta desse circulo de pétalas, em cujo centro está a tigela. Logo a seguir, limpa o melhor possível essa tintura (já contida na água) dos bagaços da erva, para poder adicionar o perfume. A seguir, coloca dentro a sua guia cabalística. E atenção: tudo isso deve ser operado numa hora *favorável* do SOL e no *primeiro dia* da entrada da Lua na fase de NOVA (seja de noite ou de dia).

Assim sendo, você terá quase uma hora para proceder a essa imantação e, quando tudo estiver corretamente armado, você se ajoelha, toma a tigela nas mãos, leva-a à altura do coração e, confiante, sereno, faz a seguinte evocação:

"Em nome do Divino Poder de TUPÃ — primeiro Nome Sagrado do Deus-Pai — imploro, nesse instante, que a Cúpula Espiritual da Corrente Astral de Umbanda possa consagrar, imantar e ligar-me, através dessa Guia Cabalística, aos Poderes dos 'Sagrados Mistérios da Cruz', com a minha Entidade de Guarda, a mim mesmo, em espírito e verdade e ao meu corpo astral, afim de que me sejam concedidas Proteção, Cobertura e Filiação diretas e eternas, enquanto honrar esse sagrado compromisso."

Recitar essa evocação a 1ª vez e, terminando, inspirar o perfume contido na tigela e exalá-lo suavemente, pela boca, sobre o mesmo conteúdo onde está a dita Guia.

Proceder assim mais duas vezes, serenamente; depois, colocar a tigela no mesmo local. Assim que transcorrer essa hora favorável do Sol, retirar a Guia, enxugá-la ligeiramente e colocá-la no pescoço, para só retirá-la vinte e quatro horas depois.

Cuidados especiais: essa Guia Cabalística não pode ser tocada *por mulher*, seja ela quem for, mormente se estiver menstruada. *Suja tudo*. Se por acaso isso acontecer, volta-se à cachoeira, lava-se a guia e perfuma-se com o perfume indicado, isto é, com o mesmo perfume que usou.

Para evitar essas e outras, conserve-a num saco de veludo, verde ou amarelo, e guarde-a onde não possa ser visada.

Outrossim, jamais use essa guia de corpo-sujo, isto é, depois de ter relações sexuais; tome sempre seu banho após essa ocorrência, com 9 gotas de essência de sândalo ou de alfazema dentro de um litro de água limpa, despejando-a da cabeça aos pés. Todas as vezes que usá-la no terreiro, em trabalhos, rezas, etc., perfume a Guia e guarde-a.

Agora, passemos a orientar essa operação para o lado do elemento feminino: a mulher, adepta ou iniciada, segue tudo exatamente como está especificado nos itens a, b, c, d, e, f, g. Somente que o *local será* no sítio vibratório *mar* ou *praia*, e também em cima de uma *pedra* desse elemento da natureza. Não teimar em fazer na cachoeira porque as vibrações eletromagnéticas do mar estão em estreita relação com a Lua e o catamênio. Essa operação tem de ser feita, também, no primeiro dia da *Lua Nova* e numa *hora favorável* da dita Lua.

Cuidados especiais para a mulher: logo que sentir os primeiros sintomas da menstruação, não pegue mais na sua Guia Cabalística.

Tendo relações sexuais, não pode usa-la nem tocá-la (nem seu marido ou companheiro pode pegar nela) sem antes tomar o seu banho de limpeza ou purificação astral, com as 9 gotas do perfume usado ou de alfazema (essência). No mais, mesmos cuidados, já especificados para homens, quer no terreiro, quer em trabalhos.

Observação final sobre a Guia: esse objeto, assim preparado O foi dentro de uma imantação astral-espirítica e pela *Magia Branca*. Não serve para os mal-intencionados. Não servirá para os fins de baixa vibração ou *magia negra*. É um estudo contra ela. Quem assim proceder será em pouco tempo disciplinado, castigado. Verá tudo reverter aos contrários — a própria Cúpula mandará proceder ao retorno. Em suma, tentar reverter os fatores da Magia Branca para a Negra é suicídio psíquico, mediúnico, astral.

Essa Guia Cabalística, com todo o seu mistério e sua força, estará ao alcance de *qualquer nativo* da América — Norte, Sul, Central — desde que deseje ser um filiado direto da Corrente Astral de Umbanda.

E se você, leitor irmão, simpatizante, adepto ou iniciado, seguir tudo o que acabamos de expor, direitinho, ficará na posse de algo que realmente tem valor, pois sabemos que os preparos por aí, sobre "guias ou colares de vidro e louça", não obedecem a essa "técnica", a essa concentração de valores.

O cidadão, umbandista ou não, costuma entrar na posse de objetos semelhantes assim "meio por cima" do assunto. Compra, ou é mandado adquirir, um desses colares, ou talismãs comuns, já padronizados, numa dessas casas comerciais do gênero, e passa a usá-lo apenas com a sugestão da fé, ou leva-o a um terreiro para ser "cruzado", e isso segundo o sistema corriqueiro de cada um. Nada de fundamento. Nada de imantação especial. Há muita gente comodista que deseja, sim, coisas boas e fortes, porém sem muito trabalho. Para esses a Guia Cabalística da Corrente Astral de Umbanda não deverá servir. Dá trabalho e parece complicada. Amém.

Bem, ainda vamos adicionar mais fundamentos, mais valores a essa Guia.

Ora, de posse desse objeto e de conformidade com todo o exposto, você ainda pode usá-lo para maiores benefícios e segundo as circunstâncias que postam surgir em sua vida.

Para isso, lembramos mais a você que os sítios Vibratórios consagrados a Corrente Astral de Umbanda são os locais apropriados, onde se deve buscar forças e socorro. E esses locais são as cachoeiras, as matas, os rios, os bosques, as praias, o mar, as pedreiras, etc.

Então, recorramos à nossa obra *Segredos da magia de Umbanda e Quimbanda* para indicar as condições que devem ser seguidas, mormente pelo adepto que seja possuidor dessa Guia e mais desenvolvido no *métier* umbandistico.

Mas, antes de entrarmos nos detalhes subsequentes, tenhamos na, devida conta que para pedidos ou benefícios de ordem material, seja qual for a iluminação usada, a *quantidade é par*, 6 para os pedidos ou afirmações de ordem espiritual, mediúnica e moral a quantidade de luzes terá que ser em número ímpar.

Tendo isso ficado assente, vamos orientar quanto à natureza vibratória dos *sítios consagrados*, para reajustamentos, pedidos, preceitos, afirmações, presentes em relação com as correntes espiríticas e segundo o valor mágico ou astromagnético deles. a) O mar, as praias, rios e cachoeiras são núcleos elementais ou eletromagnéticos cuja força vibratória entra na função de *receber, levar e devolver* trabalhos de qualquer natureza, isto é, não firma trabalhos duradouros, cujos efeitos podem ser rápidos, seguros, etc., porém agem por períodos ou por tempos contados e repetidos, isto é, enquanto não se obtém a melhoria ou ajuda, repete-se o preceito três vezes.

Têm que ser *alimentados*, isto é, trabalhos mágicos, oferendas simples, certos preceitos ali postos, se não forem aceitos no prazo de 1, 3, 7 semanas ou luas, têm que ser repostos (alimentados).

Especialmente o mar, pela sua natureza vibratória, *devolve tudo*. Não se deve fazer trabalhos de magia-negra no mar, porque, fatalmente, o infeliz que for fazer isso, pedir o mal, receberá rapidamente o retorno.

h) As matas, os bosques, as pedreiras, os campos são núcleos Vibratórios ou eletromagnéticos cujas forças espiríticas e mágicas exercem ação de *firmar, perseverar, de resistência,* etc., assim sendo, o efeito e consolidar.

Então, os trabalhos (preceitos, oferendas, batismos, afirmações etc.) ali aplicados são os mais firmes e de natureza efetiva. Esses elementos não devolvem nada.

171

Toda espécie de afirmação de ordem elevada deve ser aplicada nesses sítios Vibratórios, especialmente à margem das cachoeiras e das pedreiras que fiquem perto de arborização ou mata.

Essas partes estando bem lidas e compreendidas, vamos situar outros elementos:

i) As flores, sendo elementos naturais de grande influenciação mágica superior, convém ao magista conhecer seus reais valores.

Assim temos: para os trabalhos, pedidos ou afirmações de qualquer natureza positiva, para o mar, as praias, as cachoeiras, os rios, *flores brancas,* para que as forças vibratórias invocadas, na ação mágica, em relação com as correntes espiríticas, invisíveis, devolvam aquilo que se está pedindo, dentro naturalmente da linha justa ou de um certo merecimento ou necessidade normal, ou, quando não, que deem uma solução qualquer.

1) Sempre com flores brancas a serem postas em cima de *pano verde*: para fins de melhoria ou recuperação de saúde física ou de doenças nervosas (luzes pares).

2) Com flores brancas em cima de pano de *cor amarela* (ou tonalidades dela), dourada ou puro: para vencer demanda de ordem moral, astral ou espiritual (luzes ímpares).

3) Com flores brancas em cima de pano de *cor azul:* para pedidos ou afirmações de ordem mediúnica, espiritual; para vencer concursos, exames, cursos, etc. (luzes ímpares).

4) Com flores brancas em cima de pano de *cor vermelha*: para afirmar um trabalho de pedidos para soluções urgentes e que demandem muita magia, ou auxílios importantes para vencer, assim como questões judiciárias ou processos (luzes ímpares).

5) Com flores brancas em cima de pano *cor rosa*: para trabalhos ou pedidos de ordem sentimental, amorosa, assim como noivados, casamentos, etc., (luzes pares) dentro de uma necessidade normal, não se confundindo isso com o que chamam de "amarração".

6) Com flores brancas em cima de pano de *cor roxa*: trabalhos ou pedidos a fim de invocar auxílios para uma situação tormentosa, casos de ordem passional, etc. (luzes ímpares).

7) Com flores brancas em cima de pano de *cor laranja*: quando se necessitar que as forças benéficas favoreçam com fartura ou melhoria de vida social, funcional, material (luzes pares).

Obs.: O operador ou a pessoa a quem for interessar os trabalhos não deve esquecer-se que a iluminação desses preceitos ou oferendas deve ser feita tão somente com lamparinas e de conformidade com a natureza do caso, que já frisamos serem pares ou ímpares, bem como também pode acrescentar outras oferendas normais que se queira ou a que já ensinamos em outras obras nossas.

Aviso importante: se o operador ou a pessoa interessada firmar esses trabalhos dentro da hora favorável de seu planeta regente ou governante, ainda melhor.

Então, em qualquer circunstância ou dificuldade de sua Vida, telado, nada ou especificada nesses itens, proceda assim, seguro, firme, confiante, de que vai obter resultado, e para isso se faça acompanhar sempre de sua Guia Sagrada, e logo que tenha armado sua oferenda, ajoelhe-se, diga aquela evocação já ensinada, cruze o preceito, mentalizando e pedindo o que es, pera alcançar. Você verá como receberá um socorro qualquer, uma ajuda, segundo as necessidades, ou intenção, isto é, se não for pedir absurdos ou coisas incompatíveis.

E agora, especialmente para você, irmão iniciado, já dentro de um grau definido de preparação, de antiguidade, de conhecimentos e práticas, como um médium-desenvolvido, ou mesmo como chefe-de-terreiro (ou mesmo Diretor de um agrupamento iniciático qualquer) e já consciente de sua responsabilidade, pois do *acerto* de suas *orientações* sobre rituais, trabalhos, preparos, fixações mediúnicas, batismos, confirmações, depende o equilíbrio, a melhoria, a confiança dos que o seguem, vamos revelar algo de *simples sobre Magia*, mas que é o *absolutamente certo* e que jamais foi ensinado assim, em obras versando o assunto.

Procedemos dessa forma porque "a candeia deve ser posta em cima da mesa" e para que todos a vejam, e não escondida pelo egoísmo que tudo destrói ou se apaga no egocentrismo dos que pouco sabem e por isso temem ensinar o que lhes possa fazer falta, e mesmo porque estamos cansados de tanto "consertar" coisas erradas nas dezenas de irmãos que nos têm procurado, vítimas perturbadas desses famigerados "amacis", preparos de cabeça, batismos e cruzamentos feitos mais pela linha da ignorância do que mesmo pela da maldade.

Mais uma vez, portanto, muita atenção para chegar à compreensão consciente de que tudo na Magia Branca, ou mesmo Negra, obedece a condições afins, apropriadas, fora das quais é *inconsciência*, é *leviandade operar*, pois não se *brinca de mago* em cima da natureza psicovibratória de ninguém. É crime, e será cobrado rigorosamente, envolver alguém num intrincado cipoal astro-espirítico sem a necessária competência. Vamos aos fatores mágicos, reais, positivos, e não se veja nessas palavras uma vaidade que não temos, e sim uma *advertência fraternal*. Centralize sua atenção, mais uma vez, no que vai ler agora.

A MAGIA E A MOVIMENTAÇÃO BÁSICA DE FORÇAS PELA INFLUENCIA LUNAR

Irmão Iniciado: ninguém e nenhum *operador* pode executar uma operação mágica de *movimentação de forças* pelo seu ângulo correto, através de batismos, afirmações, "amacis", descargas ou mesmo de qualquer espécie de trabalho pela Corrente Astral de Umbanda, sem que conheça a influência oculta das fases da Lua e o que elas podem particularizar.

Nenhum operador consciente deve arriscar-se com as forças cegas da *natureza astral e espirítica*, sem se pautar neste dito conhecimento oculto.

Assim, vamos levantar nessa aula, para você, irmão iniciado, certo "segredo vibratório" da influência *lunar* (básica na magia).

E para o seu perfeito entendimento mágico, comparemos a Lua a uma *mulher*, isto é, a uma jovem solteira, que depois fica noiva, casa e é fecundada (fica grávida) e dá à luz, ou seja, "despeja de seu ventre" o produto ou *a seiva vital que recebeu* (ou melhor, sugou), acumulou, transformou para, a seguir, esvaziar sobre o *planeta Terra*, do qual como se sabe é o satélite.

Então, é de conhecimento primário que a Lua se manifesta em quatro fases: estado de NOVA; estado de CRESCENTE; estado de CHEIA; estado de MINGUANTE. Em cada uma dessas fases ela leva praticamente sete dias.

Essas quatro fases você deve dividir em *Duas Grandes Fases*:

De *Nova a Crescente*, deve considerar como a *Quinzena Branca*: nessa quinzena ela está sempre em estado positivo. Toda operação mágica de ordem elevada, como preceitos, batismos, afirmações, confirmações diversas, certos trabalhos para fins de benefícios materiais, certos trabalhos que impliquem descargas, *por demandas*, e que envolvam oferendas, confecções e preparações sobre "guias ou colares", *talismãs ou patuás* diversos, só devem ser movimentados ou executados dentro dessa dita quinzena.

De Cheia a *Minguante* considere como a *Quinzena Negra*; nessa quinzena deve levar na devida conta que a LUA está sempre com sua influenciação do lado negativo, ou no aspecto passivo, para todas as coisas.

Isso ficando bem entendido, vamos definir, agora, suas influenciações fundamentais para efeito de Magia ou para uma cor, reta sequência de operações mágicas dentro de uma especial 6 particular comparação.

a) A LUA, na fase de NOVA, está como uma moça saudável, cheia de vitalidade, que irradia desejos, e sempre disposta.

Ela, assim, está plena de energia, em estado de expansão e de atração, porque *tem para dar*. É desejada, porque pode dar sua *seiva sexual* em condições de pureza, virgindade, pronta para se *transformar*, enfim, para ser *fecundada*.

Nessa fase de Nova, a Lua esparrama a sua seiva (os seus flui. dos eletromagnéticos) vital sobre todas as coisas, *especialmente nos vegetais*, que recebem os elementos revitalizadores de sua energia purificadora.

Nessa fase é quando verdadeiramente se deve colher os vegetais ou as *ervas mágicas,* terapêuticas. Portanto, é quando se devem preparar os "amacis", os banhos diversos e secar as ervas para os defumadores (secar a sombra).

Ainda dentro dessa fase é que se deve *rigorosamente* movimentar certas operações que *impliquem preparações de médiuns e todos os trabalhos* que se enquadrem em confirmações, preparações, batismos, cruzamentos de "conga" e, sobretudo, todas as operações mágicas ligadas a oferendas para fins materiais ou de benefícios pessoais, financeiros, etc. Finalmente: todo trabalho ou operação mágica para ficar firme mesmo — *ter firmeza duradoura* — e se conservar em sigilo e na força dessa condição deve ser feito nessa citada fase. E ainda: todo preparo com as ervas só deve ser feito com as folhas, quer para uso terapêutica propriamente dito, quer para os banhos, defumadores, etc., porque o *fluido lunar*, nessa fase, *puxa e concentra mais a seiva dos vegetais* para as extremidades, isto é, para as *pontas*.

b) A LUA, na fase de CRESCENTE, é como a moça que continua a expandir-se, a dar e irradiar energia, porém o seu vigor sexual, ou a sua seiva, já sofreu uma transformação; foi fecundada. Recebeu novas energias de acréscimo e se bem que continue em estado positivo, os seus fluidos, o seu vigor, não estão mais naquele estado de pureza inicial.

A rigor, não serve mais para nenhuma operação que implique preparação de médiuns, através de afirmações, "amacis", etc.

Serve para toda e qualquer ordem de trabalho material ou que implique em fazer prosperar um sistema de negócio, uma melhoria comercial, etc.

Também é boa para afirmação de terreiro, cruzamento de "congá" com inauguração, como também se presta para o preparo de patuás ou talismãs.

Nessa fase, todo movimento com o preparo das ervas, para qualquer finalidade, deve-se dar preferência aos vegetais cujo *valor* terapêutica ou mágico esteja mais indicado ou encontrado nos galhos, nas cascas, nos caules ou nas hastes.

O fluido lunar, na *Crescente*, puxa e concentra mais a seiva dos vegetais nos *meios* ou nos elementos intermediários, isto é, nas ditas hastes, talos, etc.

Essas são as especificações gerais para as operações mágicas e suas finalidades, dentro da *Quinzena Branca* (a Lua na fase de Nova e Crescente).

Item especial: se o médium magista, de acordo com o caso em que vai operar, escolher os *dias favoráveis* de certos planetas, o sucesso da operação ainda fica mais garantido.

Portanto, vamos dar, segundo a parte oculta da Corrente de Umbanda, qual a influência particular de cada planeta, para os fins desejados, dentro de sua hora planetária.

a) A *Lua*, em sua hora planetária noturna, dá mais força em qualquer operação ou trabalho para fins de *desmancho* (neutralizar uma demanda ou um trabalho feito para qualquer coisa ou que pese numa pessoa, sobre uma casa: lar ou ambiente comercial, etc.).

b) *Mercúrio*, em suas horas planetárias, dá mais força em qualquer operação mágica ou trabalho nos quais se pretenda vencer questões relacionadas com demandas na Justiça, assim como apressamento de processos, requerimentos, etc.

c) *Saturno*, em suas horas planetárias, dá mais força em qualquer operação mágica ou trabalho com a finalidade de segurar qualquer bem terreno, ou firmar questões materiais ou, ainda, qualquer caso de ordem astral, porque o que for *bem feito nessa sua hora* fica firme e dificilmente *dá pra trás*.

d) Vênus, em suas horas planetárias, dá mais força em qualquer operação ou trabalho mágico em que se pretenda ajudar alguém a vencer uma questão emocional, sentimental, etc. Também favorece muito nas operações em que se queira ajudar alguém em transações de compra e venda de qualquer coisa.

e) *Marte*, em suas horas planetárias, dá mais força em qualquer operação ou trabalho em que se pretenda neutralizar uma demanda, seja ela de que natureza for. E também são próprias as horas favoráveis para as operações mágicas em que se queira escorar e favorecer alguém que esteja com grandes responsabilidades ou com negócios de grande vulto.

f) *Júpiter*, em suas horas planetárias, dá mais força em operação ou trabalho para qualquer finalidade, seja de ordem puramente astral, espirítica ou mediúnica, ou que implique em benefícios materiais.

g) *O Sol*, em suas horas planetárias, dá mais força em qualquer operação ou trabalho para qualquer finalidade, isto é, astral, espirítica, mediúnica, e de empreendimentos materiais, principalmente se estiverem relacionados com pedidos, concursos, contatos com autoridades ou com pessoas altamente situadas, das quais se pretendam favores diversos.

Obs.: Você pode, irmão iniciado, pautar-se sobre essa questão de dias favoráveis e horas planetárias pelo *Almanaque do pensamento* (na falta de uma tabela mais especializada).

Agora, passemos aos esclarecimentos sobre a *Quinzena Negra* (fase da Lua de Cheia a Minguante).

Irmão iniciado, você deve saber que nessa quinzena não se faz nenhum trabalho ou operação para fins positivos, seja de que ordem for, especialmente na fase dita CHEIA. Nessa fase a Lua já está assim como a mulher que foi fecundada, está em gestação, ficou grávida, *está cheia mesmo.*

Aí a Lua está altamente negativa, pois sua influenciação age como um vampiro, isto é, seus fluidos eletromagnéticos estão sugando, vampirizando tudo o que pode, quer da natureza astral propriamente dita, quer da natureza dos próprios vegetais.

Nessa fase de Cheia, a Lua por causa dessa sua ação vampirizadora — *enfraquece a seiva dos vegetais* e eles perdem o vigor, ou seja, mais de 70% de suas qualidades terapêuticas, pelas extremidades, isto é, pelas folhas, talos, hastes, etc., que se vão concentrar, pela natural reação de seus próprios elementos vitais, na raiz, ou melhor, *naquilo que está dentro da terra.*

Ervas não devem ser colhidas nessa fase, para uso de qualquer espécie, porque não produzem os resultados terapêuticos indicados e podem até prejudicar, se for caso de doença a tratar, ou na questão dos banhos, defumadores, "amacis", etc.

Isso, nessa parte, e quanto ao lado que se refere a trabalhos, só se presta para as manipulações da magia negra.

Quase que nas mesmas condições está a Lua na fase Minguante. Aí está como a mulher que despejou o produto de sua fecundação, isto é, *pariu*, esvaziou todo o seu conteúdo. Seus fluidos — da Lua — além de estarem fraquíssimos, estão como que carregados de elementos sutis e deletérios, que se vão *purificar* nas águas, quer nas que vêm de cima, do éter, quer nas fixas, existentes embaixo, na terra, isto é, nos mares, rios, lagoas, etc., a fim de se renovarem e provocarem a transformação dita como a fase de Nova.

E é claro que na citada fase Minguante da Lua até os próprios vegetais se ressentem em sua seiva, porque recebem sobre a mesma seus fluidos impuros, carregados, fracos, e, para efeito de melhor comparação, *envenenados*.

Também assim fica compreendido que as ervas terapêuticas ou mágicas nessa fase não devem ser colhidas nem usadas para nenhuma finalidade mediúnica, são contraindicadas.

E no tocante a trabalhos mágicos, positivos, de qualquer natureza, quase que se anulam ou se diluem nessas vibrações deletérias, porque, para efeito de alta magia ou da Magia Branca, tudo no minguante é nocivo.

Advertência final e fraternal: não mantenha ilusões. Praticar a Caridade na Umbanda não é o mesmo que processa-la na corrente kardecista. Não se esqueça de que sessão de terreiro é um depósito de larvas, de "piolhos astrais", que chegam através das piores mazelas que as humanas criaturas sabem levar para lá. Você, sendo um médium-magister (ou não), é o mais visado diretamente pelo astral inferior que manipulava essas suas vítimas, e que você socorreu.

Está sujeito, portanto, a impactos, retornos, maldades, malícias, tentações, ingratidões e falsidades. A maior parte dos que giram em torno de Você, ou que o procuram, vão em busca de "socorro urgente", e mais para a parte material de suas vidas, quando não o fazem debaixo de cargas ou demandas obsidiantes. Querem efeitos, "milagres a jato".

Não se iluda. Em qualquer coisa que você "escorregar" ou baquear, eles o abandonam e metem a língua, cuspindo no prato em que comeram várias vezes.

Não se deixe vampirizar. Ninguém terá pena de você; só pretendem arrancar o máximo de sua mediunidade ou força. Caridade é uma coisa, vem pelo lado da doença, da reza, da descarga, do pedido de proteção, da segurança ou amparo mediúnico, moral, etc.

Agora, esse outro lado, que é o da maioria, que chega somente em busca dos fatores materiais, financeiros, comerciais, pautados na linha da ambição, com esse lado, muito cuidado. Nessa magia é imprescindível a lei de compensação. Seja apenas honesto na aplicação da *lei de salva*, dentro da *regra*.

Muito cuidado também com esses casos de demanda, pela Magia Negra; resolver isso apenas no peito e na raça não é de boa política para você. Acumular o despeito dos inimigos astrais não é negócio. Na primeira oportunidade, eles entrarão para o devorar. Então, é melhor usar o suborno. Exu-Guardião tem função cármica, obedece à lei, não faz questão disso, pois ele visa à libertação. Mas os "quiumbas", os marginais do baixo astral, os "rabos de encruza" não prescindem disso. Entendeu?

Quando você atingir o grau de médium-magista vai entender isso tudo muito bem. E mais essa: você jamais atingirá esse grau, essa condição, se tiver sua *iniciação consumada* pelo *elemento feminino*. Leia nossa obra *Umbanda e o poder da mediunidade*; ela situa essa questão e até com certa rudeza e precisão.

A mulher, irmão, é indispensável num terreiro, como em outro lugar qualquer, especialmente no lar, porém dentro de sua eternal condição de auxiliadora, de companheira. Dentro desses aspectos ela é digna e devemos tributar à sua natural individualidade o mais alto respeito e carinho, porém nunca com os poderes ou com o bastão do comando próprio do varão.

A mulher não deve, porque não pode, por não ser próprio de sua natureza, *iniciar varões*. E cego, ou está completamente às "escuras", o homem que submeter sua glândula pineal às vibrações nêuricas e mentais da mulher.

Lembre-se: a mulher é o elemento passivo, esquerdo, lunar. Geradora e não Gerante. Ela tem o catamônio, você não tem. Você tem a próstata, uma glândula seminal, e ela não tem. Quem define o sexo, através dos cromossomos Y e X, é você. Veja o que nos diz a respeito a própria ciência: "*Será venenoso o sangue menstrual?* Não é totalmente infundada a crença popular de que o sangue menstrual é tóxico, e por isso em tais dias a mulher não deverá tocar em flores, frutas, etc. O sangue, e não só ele, como o suor, o hálito etc., contém durante a menstruação um tóxico, a menotoxina, capaz de danificar flores, frutas, conservas, etc. Como nem toda mulher elimina sempre uma quantidade para fazer mal, deverá sempre experimentar se durante a menstruação suas excreções corporais são venenosas" (Dr. Fritz Kahn, *A nossa vida sexual*).

Você mesmo, que agora está acabando de ler isso, tem sua "preparação mediúnica" aos cuidados de uma filha de Eva? Já pensou na possibilidade de ela ter posto, naturalmente por ignorância dessas coisas, às vezes até de véspera, suas mãozinhas em sua rica cabecinha, justamente em cima de sua glândula pineal?

Compreendeu bem? E onde fica essa tal glândula, sede da mediunidade, antenas do psiquismo? Onde ficam seus neurônios sensitivos? Justamente no cérebro. E onde é que aplicam os tais "amacis"? No centro da cabeça — é ou não é?

Entenda mais o seguinte: as *restrições* que pesam sobre Eva, a mulher, não foram impostas pelo "bicho-homem", não! Foram impostas por uma razão muito sábia da lei divina. Como é que nessa degeneração de africanismos estão invertendo a ordem natural desses arcanos, ou desses fatores, dando-lhe o *bastão do comando* vibratório, mágico, espiritual, religioso, iniciático etc., se em nenhuma Corrente, Ordem ou Religião do Mundo, tidas como autênticas, em sua liturgia e fundamentos, jamais o concederam?

Irmão leitor, um saravá desse pequenino eu, autor destas mensagens, nesta obra. E que a doce paz e a iluminação dos Mentores da Sagrada Corrente Astral de Umbanda possam penetrar seu coração, sua mente espiritual.

SAMANI EUÁ ANAUAM
Yapacani

ADENDO ESPECIAL

Dedicamos este "adendo" especialmente aos neoumbandistas que a Corrente Astral de Umbanda recebeu amorosamente em seu seio.

São irmãos dignos e sinceros, mas que precisam entender o *movimento* vibratório e ritualístico dela como ele é, e não como eles julgam que seja, pois estão *imprimindo* nos seus terreiros inovações e misturas de concepções, doutrinas e práticas que trouxeram dos setores que largaram.

E para que nos façamos entender sobre esse tema dos neoumbandistas é preciso salientar que a genuína Corrente Astral da Umbanda vem lutando incansavelmente para impor as linhas mestras de suas diretrizes, ao mesmo tempo que tenta escoimar do meio humano mais três condições que também vêm prejudicando o *desabrochar* de seus legítimos valores mediúnicos, cabalísticos e mágicos. Eis essas três condições.

a) A Corrente Astral já vem lutando, de há muito, para isentar ou neutralizar a influência sobre seus adeptos de fato do sistema africanista retardado, degenerado. Essa situação vem sendo bastante superada, dado que uma nova mentalidade se aprimora dentro do próprio meio umbandista, a qual tende a prevalecer cada vez mais.

Essa batalha estaria vencida dentro de alguns anos se existisse um "órgão de Cúpula", tipo Colegiado, decente, sem paixões, fanatismos, personalismos, vaidades e ignorâncias, para estabelecer um *sistema* de classificações sobre as ritualísticas e as concepções imperantes nesse meio e relativo aos estados de consciência dos seus adeptos, a fim de esclarecê-los, através de uma inteligente e persistente doutrinação pela palavra falada e escrita.

As práticas e as concepções dos adeptos umbandistas teriam que ser enquadradas em três planos ou categorias, assim sintetizadas:

1ª) Os ditos grupamentos que estão arraigados ao fetichismo grosseiro do africanismo, com seus tambores, suas palmas, seus ebós, suas matanças, suas camarinhas, suas danças, suas profusas ostentações de estátuas ou imagens de santos da Igreja

183

Católica, suas lendas, etc. Esses entrariam para o 3º plano ou categoria da Umbanda popular.

2ª) Os agrupamentos que ainda "misturam", isto é, não usam ebós, nem camarinhas, nem matanças, nem danças e nem aquela profusa ostentação de imagens de santos, mas batem palmas e tambores. Esses entrariam para o 2º plano ou categoria, ainda na Umbanda popular.

3ª) Os grupamentos selecionados, de autêntico ritmo vibratório, mágico, mediúnico e cabalístico, dentro de uma ritualística uniforme. Esses seriam a Umbanda iniciática, pautada no estudo. Seriam qualificados como da Umbanda Esotérica. Isso para princípio de classificação; outros fatores teriam que ser honestamente debatidos e agregados a cada uma dessas citadas categorias.

Essa primeira condição assim simplesmente apontada, passemos às outras duas, que são realmente as que se vão situar no que denominaremos de neoumbandistas e que podem, também, ser divididas dessa forma:

b) Uma que já interpenetrou o meio e é composta, na maioria, de elementos bons, dignos, egressos do chamado kardecismo, ou melhor, de pessoas inteiramente saturadas pela doutrina que, no Brasil, acharam por bem qualificar de "doutrina kardecista".

Esses bons e dignos irmãos, pouco entendendo da Umbanda de fato e de direito, porque, não sendo médiuns ou iniciados dela (ou seja, por nenhum guia, caboclo ou preto-velho e nem mesmo por nenhum de seus verdadeiros iniciados), viram-se elevados às direções doutrinárias de suas tendas ou terreiros e logo começaram a aplicar aquilo que aprenderam ou reservaram por lá — quer nas "sessões de mesa", quer pelo que observaram na dita literatura kardecista — ao sistema vibratório, mediúnico, mágico e ritualístico da Umbanda. E assim entraram com mais confusão, e com aquele tipo de "animismo educado, cadenciado", comum "às ditas sessões de mesa".

Haja vista que chegaram à patética ingenuidade de pretenderem "forçar" o livre-arbítrio ou todo um sistema vibratório de afinidades, de magia, liturgia, etc., próprios de nossos caboclos, pretos-velhos e exus, quando fazem no mesmo recinto "sessões de mesa" kardecista, com chamada de obsessores e tudo, com os mesmos médiuns do terreiro, que "animicamente disciplinados" "baixam" os mesmos caboclos e pretos-velhos, que nessas sessões já não mais fumam, não mais riscam pemba, não mais podem usar os seus próprios sistemas Vibratórios de trabalho, etc., pois são compelidos a "limitar" as manifestações mediúnicas dos "irmãos protetores que baixam nas supracitadas sessões de mesa kardecista", dentro do mesmo palavreado, dos mesmos gestos, inclusive tendo que permanecer sentados direitinho nas cadeiras em torno da mesa, em seus salões taqueados e encerados.

Entenderam a coisa, irmãos leitores? É incrível como eles, os ir, mãos neoumbandistas kardecistas, não se apercebem de que estão Sugestionando, induzindo, alimentando e "mecanizando" o psiquismo desses médiuns, levando-os ao automatismo anímico, pura e simplesmente.

Chegam ao cúmulo de, nessas sessões, e depois de os médiuns do terreiro estarem todos sentadinhos em volta da mesa, invocarem seus protetores, assim como que "automaticamente", ora com três batidas na mesa, ora ao som de uma campainha, ora somente com uma ordem imperiosa... e *bumba* — "baixa" tudo de rojão e de uma só vez.

E lá chegam "os caboclos e os pretos-velhos" (serão mesmo eles, meu bom Deus?), já como irmãos-protetores das sessões kardecistas.

Os pobres médiuns, "automaticamente sugestionados ou animicamente disciplinados", se veem na contingência de "baixar mesmo" os seus "protetores" que geralmente também chegam submissos pelo neuroanimismo de "seus aparelhos".

E haja sugestões, haja cenas, passes e gemidos patéticos, nos moldes do "figurino kardequiano".

E haja *ufania* em nossos dignos e honrados irmãos neoumbandistas kardecistas, egressos ou saturados pela literatura espírita de Kardec, de vez que pensam estar fazendo tudo direitinho, certinho e, sobretudo, "conscientemente".

Irmãos neoumbandistas! Não queiram *bitolar* a Corrente Astral de Umbanda pela doutrina kardecista! A diferença é como da água para o Vinho. Vejam se vocês descobrem algum Guia de verdade e peçam instruções corretas para as suas tendas ou terreiros!

185

Tenda de Umbanda tem que ter "cheiro" de erva brasileira, e não de *perfume francês...*

Enquanto isso, não misturem, não submetam os médiuns do terreiro às sessões de mesa, assim, por conta própria. Vocês estão mesclando condições vibratórias; estão submetendo o sistema neuromediúnico desses médiuns no mínimo a sensíveis perturbações, pois a lei das afinidades é um fato, é uma realidade universal.

Façam as suas sessões de mesa noutros recintos, com outros médiuns apropriados a esse tipo de doutrinação e corrente mediúnica. Ou vocês são kardecistas ou umbandistas!

Agora, misturar uma coisa com outra, fazer salada, é esfrangalhar a pouca mediunidade dos que não a têm suficiente. Isso é incapacidade, inconsciência ou cegueira espiritual. O mesmo que dizer: é vaidade pessoal.

c) Outra que já começa a influir também no meio. Essa está composta pelos neoumbandistas orientalistas. São adeptos ou simpatizantes da Umbanda, que pretendem entrar também com "os mestres orientais" e suas "concepções" em nossos terreiros, de vez que estão encharcados pelo ocultismo ou pela metafísica hinduísta.

A esses, vamos elucidar alguns ângulos dessa escola, pois sabemos que os nossos guias e protetores não querem mais confusão. Bastam as que têm.

Começaremos por repetir a esses sapientes de "orientalismo indiano" que é o mais difundido no Ocidente, especialmente no Brasil que essa vasta literatura que tanto leram e pensam ter assimilado corretamente é assaz confusa, mal traduzida e mal interpretada e muito "comercial".

Assim, vamos dizer por que nós todos os iniciados umbandistas, bem como todos os nossos caboclos e pretos velhos — estamos prontos a repelir esse "tipo de orientalismo, fundamentado na ioga, para que esses neoumbandistas também o saibam, e isso porque estamos baseados no que há de mais autorizado, correto e científico sobre tal assunto, e não apenas nessa subliteratura que versa o tema orientalismo, ioga, faquirismo, guru, realização, libertação, *versus* dissolução da individualidade, etc.".

A metafísica do oriental ou do hinduísta é muito complexa e vaga, pois está toda calcada no misticismo doentio de uma raça massacrada, cheia de preconceitos, subnutrida e humilhada dentro de um sistema de castas sociais desumano. Terra onde os pretensos ioguins e faquires se contam aos milhares e Vivem da miséria, do ilusionismo e da magia negra, conforme foi constatado diretamente por pesquisadores e estudiosos idôneos, que foram era busca da decantada iluminação ou iniciação e acabaram desiludidos, pois nunca encontraram um guru ou "sábio-mestre" que não vivesse em permanente estado de *samadhi* (que traduziram por êxtase), que não era senão uma "profunda depressão", produto de persistentes mortificações físicas e psíquicas que conduzem a uma espécie de esquizofrenia moderada.

A metafísica oriental-hinduísta está fundamentada ou ligada diretamente à ioga, que significa "união" e tem a mesma raiz do termo latino iungere, que traduz a mesma coisa. Essa doutrina se assenta na concepção de que "todas as coisas se encontram em Brama, porém Brama não reside nelas".

Isso é a essência doutrinária da ioga — "a união com o princípio divino" e, para que alcance esse superestado emocional, o discípulo tem que obter "a realização do seu próprio eu" ou a libertação, através de certos exercícios respiratórios acompanhados de certas posturas ou posições (*asana, suddhasana* e outras), bem como de *yantras*, que são figuras geométricas sobre as quais o praticante incide sua concentração e meditação e que, assim, induz ao alheamento ou à introspecção profunda do consciente a "um campo ou estado superior à sua individualidade".

E isso se obtém bloqueando o psiquismo das impressões exteriores, a fim de cair numa espécie de *ensimesmamento,* ou de *ideias fixas* sobre o infinito, a divindade, etc.

Essas práticas mentais visam sobretudo a dita "realização do próprio eu" e isso acontece quando o discípulo, iogue ou guru, fica convencido de que alcançou a "dissolução de sua individualidade", que passou a ser "Brama", isto é, *já se integrou na divindade.*

Corno veem, é desse tipo de terminologia que a mente do estudante ocidental está impregnada.

Isso tudo é acompanhado ou é precedido de certas técnicas respiratórias que, de um modo geral, repercutem nos centros corticais ou sobre os neurônios sensitivos do encéfalo, que, sendo muito sensíveis às alterações do volume de oxigênio, para mais ou para menos, vão influir anormalmente na esfera psíquica, por força da pressão do oxigênio e carbono produzida pelas técnicas respiratórias aplicadas.

As variadas posições sentadas que usam nesses exercícios respiratórios exercem acentuada influência sobre a circulação sanguínea e insensibilizam bastante certos centros nervosos e isso, a par com o *estado de ensimesmamento* desejado e obtido pelos *yantras*, pode levar o discípulo, iogue ou guru a um determinado estado hipnótico, espécie de desdobramento de consciência, tal qual certos sintomas produzidos com o uso por pessoa normal de doses fortes do *Canabis indica* (pango) da homeopatia.

Portanto, essas práticas da ioga, conforme ensinadas e decantadas em variada literatura, levam o praticante ocidental ao citado *ensimesmamento*, que vem dar, no mínimo, numa "astenia psíquica", porque esses *desdobramentos da consciência* que foram observados[46] nos iogues não estão longe de conduzir a esquizofrenia.

Em suma, o que essa literatura orientalista, mal interpretada e mal traduzida, vem provocando na mentalidade dos esoteristas e ocultistas ocidentais é algo de lamentar-se ou temer-se, visto vir impregnando o psiquismo deles de sugestões místicas incompatíveis, quando ensina que "tudo está em Brama, tudo vai a Brama, tudo parte de Emma", e que é preciso ao discípulo "fundir-se ou integrar-se na divindade", pela "realização do próprio eu", através da "dissolução (essa é a *laia-yoga*) da própria individualidade", que vem a ser "a união com o princípio divino", isto é, pela ioga, tudo isso nessa terminologia confusa, de sentido inexplicado a mentalidade ocidental, dinâmica, que passa a entender rasamente que Brama (Deus) é uma espécie de "depósito", cheio de eléctrons, prótons, nêutrons, átomos, *tatwas*, tudo da natureza física. e que até mesmo o infinito, a eternidade e o espaço cósmico estão contidos Nele.

---

46 *Ver, para uma tomada de pontos de vista semelhantes ao nossa, a* Yoga — Kundaline Yoga — Dados místicos e psicológicos sobre Yoga*, pelos Drs. J. J. Jenny e Maxim Bing, em Actas-Ciba de maio de 1949. Ver* Le voile d'Isis*, de R. Guenon. Ver* The serpent power*, de Arthur Avalon. A* Índia secreta*, de Paul Brunton e outros autorizados comentadores da ioga.*

Impressionante como essa literatura "castiga" a mentalidade ocidental com tamanhos disparates místicos, ilógicos, irreais...

Assim, aconselhamos a qualquer irmão iniciado umbandista a não se absorver nessa citada literatura, altamente confusa e prejudicial, mesmo porque, podemos asseverar de cadeira, qualquer prática, psíquica ou física, da chamada ioga *bloqueia* os canais mediúnicos, situados fisicamente no *encéfalo*, pela denominada glândula pineal.

A ioga e a metafísica hinduísta podem servir, porém, dentro de criteriosa adaptação, quer à nossa dinâmica mental, quer ao clima, alimentação, etc. Parece-nos que quem se esforçou nesse objetivo foi o Sr. Caio Miranda, através de várias obras sobre tal assunto.

ÍNDICE

W. W. da Matta e Silva: Um arauto do além, 5

Aviso ao Leitor, 17

CAPÍTULO 1

Conversa com o Leitor, 19 — Preparação Psicológica aos Postulados da Corrente Astral de Umbanda, 29 — Simbologia do Arcano Maior, 50 — Postulado 1º: Deus Pai, 51 — Postulado 2º: Origem e Criação dos Espíritos, 53 — Postulado 3º: Matéria, 56 — Postulado 4º: Espaço Cósmico, 58 — Postulado 5º: Carma-Causal do Cosmos Espiritual, 59 — Postulado 6º: Origem do Sexo dos Espíritos, 60 — Postulado 7º: Rompimento do Carma-Causal. Evolução pelo Universo Astral, 66 — Figuração Rudimentar do Espaço-Cósmico Ocupado — As Realidades que o Habitam, 74.

CAPÍTULO 2

Brasil, Berço da Luz, Guardião dos Sagrados Mistérios da Cruz, 75 — Quadro Mnemônico nº 1, 99 — Quadro Mnemônico nº 2, 101 — Quadro Mnemônico nº 3, 102 — Quadro Mnemônico nº 4, 103 — Quadro Mnemônico nº 5, 103 — Quadro Mnemônico nº 6, 104 — Quadro Mnemônico nº 7, 104 — Considerações e Comprovações pela Lei do Verbo, 105 — Origem Real, Científica e Histórica da Palavra Umbanda, 116 — Observação importante, 129 — "Doutrina Espírita", 135 — Inscrições Comparadas do Brasil Pré-histórico, 139.

CAPÍTULO 3

Umbanda Ancestral. Fazer o Bem nem que Seja por Vaidade, 141 — Caboclo Arariboia, 147 — O *Padê* de Exu, 149 — O Caminho Reto da Iniciação na Umbanda, 156 — A Magia e a Movimentação Básica de Forças pela Influência Lunar, 164 — Adendo Especial, 183.